高等院校教育管理研究

丁洁琼　葛海龙◎著

中国出版集团　现代出版社

图书在版编目（CIP）数据

高等院校教育管理研究 / 丁洁琼，葛海龙著. -- 北京 ：现代出版社，2023.12
ISBN 978-7-5231-0699-0

Ⅰ．①高… Ⅱ．①丁… ②葛… Ⅲ．①高等学校－教育管理－研究 Ⅳ．①G640

中国国家版本馆CIP数据核字(2023)第232989号

高等院校教育管理研究

作　　者	丁洁琼　葛海龙
责任编辑	袁子茵
封面设计	金熙智博
出版发行	现代出版社
地　　址	北京市朝阳区安外安华里504号
邮　　编	100011
电　　话	010-64267325　64245264(传真)
网　　址	www.1980xd.com
电子邮箱	xiandai@ cnpitc.com.cn
印　　刷	北京建宏印刷有限公司
版　　次	2023年12月第1版　2023年12月第1次印刷
开　　本	185 mm×260 mm　1/16
印　　张	11.25
字　　数	210千字
书　　号	ISBN 978-7-5231-0699-0
定　　价	78.00元

◆ 前　言

在建设创新型国家和实现人才强国战略中，高等院校肩负培养大批创新人才和高素质专门人才的使命，提高教育质量已成为当前我国高等院校发展的重要任务。高等院校教育管理质量保障是高等院校教育质量保障体系的重要组成部分，是各级教育管理部门、高等院校、教师、学生和社会都十分关注的问题。目前，从高等院校学生教育管理的发展历程和高等院校学生教育管理存在的问题出发，探索高等院校学生教育管理的本质，坚持科学的管理理念，制定总体管理目标，采用科学的管理模式，实现高等院校学生教育管理的科学化，创新高等院校学生教育管理理论，开辟中国高等院校学生教育管理发展的创新路径等，具有重大意义。

本书是高等院校教育管理方面的书籍，主要课题为高等院校教育管理与实践研究，本书从高等院校教育管理概述入手，针对高等院校学生教育管理、高等院校教学管理及队伍建设进行了分析研究；另外对以生为本理念下的高等院校学生教育管理发展路径、互联网时代高等院校教育管理模式的教学实践与应用做了一定的介绍；还对高等院校学生教育管理的创新实践提出了一些建议；旨在摸索出一条适合现代高等院校教育管理与实践工作创新的科学道路，帮助其工作者在应用中少走弯路，运用科学方法，提高效率。对高等院校教育管理与实践的应用创新有一定的借鉴意义。

在本书的写作过程中，虽然努力做到精雕细琢、精益求精，但是由于知识和经验的局限，书中不足之处在所难免，恳请读者批评、指正，以使我们的学术水平不断提高，不胜感激。本书参考借鉴了很多专家、学者的书籍，并借鉴了他们的一些观点，在此，对这些学术界前辈深表感谢！

◆ 目 录

◆ 第一章　高等院校教育管理概述

第一节　大学生管理的内涵与价值

一、大学生管理的内涵

（一）大学生管理的含义

管理是在一定的社会组织中，人们通过决策、计划、组织和控制，有效地利用人力、物力、财力、时间和信息等各种资源，以达到预定目标的一种社会活动过程。

大学生管理是高等院校管理的一个重要组成部分，也是高等院校人才培养工作的一个重要环节。因此，大学生管理既具有管理的一般本质，又有其自身的特殊本质。这主要表现在以下几点。

①大学生管理是在高等院校这一特定的社会组织中进行的。任何管理活动都是在一定的社会组织中进行的。凡是有许多个人进行协作的劳动，过程的联系和统一都必然要表现在一个指挥的意志上，表现在各种与局部劳动无关而与工场全部活动有关的职能上，就像一个乐队要有一个指挥一样。高等院校是系统培养专门人才的社会组织，大学生的教育和培养是其首要的和基本的任务。大学生管理就是高等院校为实现这一任务而进行的特殊的管理活动。

②大学生管理的目的是实现高等院校的人才培养目标，促进大学生的全面发展。管理总是有一定目的的，管理的目的就是要实现一定社会组织的某种预定目标。世界上既不存在无目标的管理，也不可能实现无管理的目标。大学生管理作为高等院校人才培养工作的一个重要环节，其目的就是要实现高等院校在人才培养方面的预定目标，促进大学生的全面发展，使之成为德智体全面发展、富有创新精神和实践能力的中国特色社会主义事业的建设者和接班人。

③大学生管理的实质是要有效地利用学校的各种资源，为大学生的成长成才提供指导和服务。大学生管理的任务是要为大学生顺利完成学业、健康成长成才提供各方面的指导和服务，包括对大学生行为和大学生群体的引导、为家庭经济困难学生提供的资助服务、为毕业生提供的就业服务等。为此，就需要通过科学的决策、计划、组织和控制，有效地利用学校的各种资源，包括人力、物力、财力、时间和信息等。综上所述，所谓大学生管理，也就是指高等院校为实现人才培养目标，促进大学生全面发展，通过决策、计划、组织和控制，有效地利用各种资源，为大学生成长成才提供各种指导和服务的社会活动过程。

（二）大学生管理的特点

1. 突出的教育功能

大学生管理是高等院校人才培养工作的重要组成部分，因此，大学生管理既具有管理的属性，又具有教育的属性，有着突出的教育功能。

（1）大学生管理的目标服从和服务于大学生教育的目标

大学生是为了接受大学教育而跨进大学之门的，大学生管理则是高等院校为实现大学生教育目标，促进学生圆满完成大学学业而实施的特殊管理活动。因此，大学生管理的目标必然服从和服务于大学生教育的目标。一方面，大学生教育目标是制定大学生管理目标的基本依据。实际上，大学生管理目标也就是大学生教育目标在大学生管理活动中的贯彻和体现，是其在大学生管理领域的分目标，离开了教育目标，大学生管理也就偏离了方向。另一方面，大学生教育目标的实现有待于大学生管理目标的实现。大学生管理是实现大学生教育目标的重要手段，只有通过有效的管理，建立和保持正常的教育教学和生活秩序，充分调动大学生学习的积极性和主动性，为大学生提供各种必要的指导和服务，才能保证学校教育教学活动的顺利进行和学生的健康成长。没有有效的大学生管理，教育目标也就不可能实现。

（2）教育方法在大学生管理方法体系中具有突出的作用

教育方法是包括大学生管理在内的现代管理活动中最经常、最广泛使用的一种基本手段。这是因为一切管理活动都离不开人，而人是有思想的，人的活动总是由一定的思想意识支配的。任何管理活动都要坚持思想领先的原则，注意做好人的思想工作，通过影响人的思想去引导和制约人们的活动。而大学生管理作为大学生教育和培养工作系统中的一个重要组成部分，也就必然要更加注重运用教育的手段，以增强大学生管理的实效性，同时，教育方法也是大学生管理中其他方法顺利实施并收到实效的基础。大学生管理的法律方法、行政方法和经济方法的实施，一般都要伴以思想道德教育，才能收到良好的效果。

（3）大学生管理过程同时也是教育大学生的过程

高等院校是教育和培养专门人才的场所，高等院校的一切工作都应当对学生起到良好的教育和影响作用。直接面向大学生实施的大学生管理工作，当然更是如此，事实上，在大学生管理过程中包含着十分丰富的教育因素。大学生管理过程中所贯彻的以人为本、民主法制、公正和谐的理念，所体现的从学校和学生的实际出发、遵循教育规律和管理规律、实事求是的科学精神，所采用的民主管理、依法管理、科学管理的方法等，都会对学生产生潜移默化的影响。大学生管理过程中所实行的依据大学生成长成才的规律和要求制定的各项规章制度，都会对大学生起到思想导向、动机激励和行为规范的作用，大学生管理过程中管理人员的情感、态度和言行也会对大学生起到表率和示范作用。可见，大学生管理的过程同时也是教育学生的过程，并直接影响着大学生思想品德的形成与发展。

2. 鲜明的价值导向

大学生管理总是为一定社会培养人才提供服务的，大学生管理的目的、管理体制和管理形式总是受到社会的经济基础、政治制度和意识形态的制约。因此，大学生管理必然具有鲜明的价值导向，它总是贯穿并体现着一定社会的主导价值体系，并直接影响着大学生价值观的形成、变化与发展。我国是人民民主专政的社会主义国家，我国的高等院校是为社会主义建设事业培养专门人才的。这就决定了我国的大学生管理必然要坚持社会主义的价值导向。具体地说，大学生管理的价值导向主要体现在以下几个方面。

（1）大学生管理的价值导向集中体现在管理目标中

目的性是人类实践活动的基本特征。而人的实践活动的目的，总是基于一定的需要和对实践对象的属性及其变化趋势的认识与判断，因此总是体现着一定的价值观念。大学生管理的目的同样也是如此。事实上，大学生管理的目的以及作为其具体展开的整个目标体系，都是基于一定的价值观念确定和设计的，都贯穿和体现着一定的价值观念和价值追求，因此，大学生管理的价值导向不仅对管理者的管理行为和大学生的日常行为起着导向、激励和评价作用，而且会对大学生价值观的形成和发展起到重要的引导和促进作用。例如，建立和维护良好的教育教学和生活秩序是大学生管理的重要目标，这一目标就体现了"有序"的价值，因此这一目标的执行，又会促进大学生形成"有序"的观念。同时，大学生管理是大学生教育的重要环节。为谁培养人，培养什么样的人，始终是大学生教育的首要问题，当然也是大学生管理的首要问题。显然，对这个问题的解决，必然鲜明地体现着一定的价值观念和价值追求。在我国现阶段，也就是要体现社会主义核心价值体系，体现实现中国特色社会主义的共同理想对人才培养的要求。因此，我国大学生管理的目标也必然要体现社会主义的价值导向。

（2）大学生管理的价值导向突出体现在管理理念中

大学生管理理念是大学生管理的指导思想，直接制约着大学生管理的原则和方法。而大学生管理理念也总是体现了社会的价值体系，并往往是社会的先进的价值观念在大学生管理中的贯彻和体现。

（3）大学生管理的价值导向具体体现在管理制度中

科学而又严密的规章制度，是大学生管理的基本手段，是大学生管理规范化、制度化和法治化的基本保证和主要标志。而管理规章制度总是人们在一定的价值观念指导和影响下制定出来的，总是体现着一定的价值导向，具体表现为要求大学生做什么，不做什么；鼓励和提倡做什么，反对和禁止做什么；奖励什么样的行为和表现，惩罚什么样的行为和表现等。大学生管理制度中的这些规定无不体现着鲜明的价值导向。

3. 复杂的系统工程

（1）大学生管理的任务是复杂的

大学生管理的任务是复杂的，既要紧紧围绕大学生的中心任务，加强对学生学习行为和实践活动的管理和引导，又要切实为大学生的健康成长着想，加强对学生日常行为包括交往行为、消费行为、网络行为的管理和引导，及时发现、校正和妥善处理学生的异常行为；既要加强对大学生现实群体包括学生班级、学生党团组织、学生社团和学生生活园区的管理和引导，又要适应网络时代的新情况，加强对大学生以网络为平台形成的虚拟群体的管理和引导；既要对大学生在校园内的安全加强管理和引导，又要为大学生在校外的安全提供必要的指导和督促；既要做好面向全体学生的奖学金评定工作，以充分调动学生的学习积极性，又要做好面向家庭经济困难学生的资助工作，以帮助他们顺利完成学业；既要引导新生科学制订职业生涯规划，明确努力的具体目标，又要为毕业生提供就业、创业指导和服务，使学生能够在合适的岗位上施展自己的才能、实现自身的价值。总之，大学生管理渗透于大学生专业学习和日常生活的各方面，贯穿于大学生培养工作的所有环节和全部过程，其任务是复杂而又艰巨的。

（2）大学生是具有明显差异和鲜明个性的

大学生管理的对象是大学生，而大学生有着显著的差异和鲜明的个性。他们各有其特殊的精神世界和思想感情，有着不同的气质、性格、兴趣、爱好和习惯。即使是同一个年级、专业、班级的学生，由于他们各有其特殊的生活条件和生活经历，他们的思想行为也各有其特点。同时，随着自主意识的增强，大学生普遍崇尚个性，追求个性的自由发展和完善。对同一学生而言，在成长变化不同的历史时期有着不同的特点。因此，大学生管理就不可能按照完全统一的要求、规格和程序来进行，而要善于根据大学生的个性特点，因人制宜，因势利导，有针对性地开展工作。这就使大学生管理具有了特殊的复杂性。

（3）影响大学生成长的因素是复杂的

大学生管理的目的，是要促进大学生的健康成长，而影响大学生成长的，不仅有学校教育因素，还有外部环境因素。外部环境的构成因素是复杂的。现实世界中，所有与大学生的学习、生活、活动和交往有关的环境因素，都会或多或少地对大学生的成长发生影响。其中有社会的因素，也有自然的因素；有物质的因素，也有精神的因素；有经济的、政治的因素，也有文化的因素；有国际的、国内的因素，也有家庭的、学校周边社区的因素；有现实的因素，也有历史的因素。尤其是随着现代信息技术的迅猛发展，世界越来越紧密地联系在一起大学生可以方便快捷地获取来自世界各地的信息，因此，影响大学生思想行为及其成长的环境因素也就更为广泛，更为复杂。同时，外部环境对大学生的影响也是复杂的。一是其影响的性质具有多重性。其中，有积极影响，也有消极影响，二者往往交织在一起，同时发生作用。同样的环境因素相对于不同的大学生可能会发生不同性质的影响。例如，富裕的家庭经济条件对于许多大学生是顺利完成学业的有利条件，但对于有的大学生则成为铺张浪费、过度消费甚至不思进取、荒废学业的重要原因。二是其影响的方式具有多样性。有直接的影响，也有间接的影响；有显性的影响，也有隐性的影响；有通过对大学生思想情感的熏陶发生作用的，有通过对大学生行为的约束发生作用的。凡此种种，不一而足。因此，在大学生管理过程中，管理者不仅要善于对大学生的学习和生活进行正确的指导，而且要善于正确认识和有效调控各种环境因素对大学生的影响，尽可能充分利用其对大学生的积极影响，防止、抵御和转化其消极影响。显然，这是一项十分复杂的工作。

4. 显著的专业特色

（1）大学生管理有其特殊的管理对象

大学生管理的对象是大学生，而大学生则有着区别于一般管理对象的显著特点。一是大学生是具有高度自觉能动性的人，大学生具有强烈的自主意识、突出的独立意向和较高的智力发展水平，崇尚独立思考，要求自主自治。在大学生管理过程中，大学生不仅仅是接受管理的对象，也是积极活动的主体。对于管理的要求和规章，对于管理者施加的指导和督促，他们总要经过自己的思考，作出自己的评价、选择和反应。更重要的是，他们还会主动积极地参与到管理活动中，自觉地接受管理和实行自我管理。这就要求在大学生管理中必须着力激发和引导大学生的自觉能动性，使他们能够自觉地顺应大学生管理的目标和要求，主动接受管理，积极开展自我管理。二是大学生是正处于成长和发展关键时期的群体。他们的心理日趋成熟但还尚未完全成熟，智力迅速发展，情感日益丰富，自我意识显著增强，但又存在着诸如理智与情绪的矛盾、自我期望与自身能力的矛盾等心理矛盾。他们正处于思考、探索和选择之中，世界观、人生观和价值观正在形成，思想活动具有显著的独立性、敏感性、多变性、差异性和矛盾性。他们即将走上社会，正在为进入职场、全面参与社会劳动实践做最后的准备。可见，大学生有着既不同于少年儿童、又区别于成人的特点。同时，也正是由于大学生还处于趋向成熟的过程之中，因此在他们身上又蕴藏着各方面发展的极大的可能性，有着发展的巨大潜力。这就要求在大学生管理中，要针对大学生的特点，切实加强并科学实施对大学生的指导和服务，以促进他们的健康成长，并使他们的身心获得最佳的发展。三是大学生是以学习为主要任务，并在教师的指导下进行自主学习的人。大学生的主要职责是学习，大学生的学习是由教师指导，按照一定的制度和规定有目的、有计划、有组织地进行的。同时，大学生可以按照学校的有关规定自主地选修课程，自主地支配大量的课外学习时间。因此，大学生的学习不仅需要掌握科学的学习方法，而且需要高度的学习自觉性和有效的自我管理。这就要求大学生管理需要紧紧围绕大学生的学习任务，切实加强对大学生学习行为的指导和管理。

（2）大学生管理有其特殊的内在规律

大学生管理有其特殊的内在规律，这是由大学生管理自身的特殊矛盾决定的。大学生管理的特殊矛盾就是社会基于对专门人才的需要而对大学生在行为方面的要求与大学生行为实际状况之间的矛盾。这一矛盾存在于一切大学生管理的活动之中，贯穿于大学生管理全部过程的始终，决定着大学生管理的全局。它构成了大学生管理的基本矛盾，也是大学生管理区别于其他社会实践活动的特殊矛盾。大学生管理就是为解决这一矛盾而专门进行的特殊社会实践活动。因此，大学生管理作为一种管理活动，固然要遵循管理的一般规律，但又具有区别于其他管理活动的特殊规律。大学生管理作为一种人才培养的手段，固然要遵循教育的一般规律，但又具有区别于其他教育活动的特殊规律，这就需要对大学生管理的特殊规律进行专门的探索和研究。大学生管理理论研究的任务就是要揭示大学生管理的特殊规律。

（3）大学生管理有其特有的方法体系

大学生管理所具有的特定的管理对象和特殊的管理规律，决定了大学生管理有其特有的方法体系，由于大学生管理工作涉及面极其广泛，具有很强的综合性，因此需要掌握管理学、教育学、心理学、社会学等多方面的理论方法和技术。但大学生管理的方法体系又不是这些学科方法和技术的简单拼凑和机械相加，而是需要在系统掌握这些学科理论、方法和技术的基础上，针对大学生的特点，依据大学生管理的特殊规律和具体实际，把它们有机地结合起来加以综合运用，从而形成自己特有的方法体系。

二、大学生管理的价值

（一）大学生管理的价值概述

大学生管理的价值是指大学生管理对于社会、高等院校和大学生所具有的作用和意义，也就是大学生管理的属性和功能对社会进步、高等院校发展和大学生成长、成才需要的满足。大学生管理价值的客体是大学生管理本身。大学生管理具有能够对大学生的成长和发展、对高等院校实现教育目标、对培养社会合格人才发挥作用的属性与功能。正是大学生管理的这些属性和功能构成了大学生管理价值的基础。大学生管理价值的主体是社会、高等院校和大学生。高等院校是大学生管理的实施者。高等院校之所以要实施大学生管理，是因为实现教育目标的需要，而大学生管理则具有能够满足这种需要的属性和功能。因此，高等院校也就成为大学生管理价值的主体。同时，高等院校的教育目标又是依据社会对专门人才的要求和大学生自身发展的需要制定的，因此，社会和大学生也就都成为大学生管理的主体。大学生管理价值所体现的也就是大学生管理的属性和功能对社会、高等院校和大学生需要的满足关系。

大学生管理价值有以下显著特点。

1. 直接性与间接性

大学生管理对其价值主体的作用，就其作用的形式而言，有直接作用和间接作用。因此，大学生管理价值也就具有直接性和间接性的特点。大学生管理价值的直接性是指大学生管理能够不经过中介环节而直接作用于价值主体，以满足其一定的需要。一般说来，大学生管理对大学生的影响和作用往往就是直接发生的。大学生管理价值的间接性是指大学生管理需要通过一定的中介环节而间接作用于价值主体，以满足其一定的需要。一般说来，大学生管理对于社会的影响和作用往往就是通过对大学生的影响和作用而间接发生的。

2. 即时性与积累性

大学生管理价值的实现即大学生管理以自身的属性和功能对价值主体某种需要的满足总要经过一个或短或长的过程，因此，大学生管理的价值也就具有即时性与积累性的特点。大学生管理价值的即时性是指大学生管理活动在短时间内就能够迅速达到目标，从而满足价值主体的某种需要。例如，及时办理新生中家庭经济困难学生的助学贷款，以使他们能够跨进大学、安心学习；及时处理学生中发生的突发事件，以保障学生安全和校园稳定等。大学生管理价值的积累性是指大学生管理往往要经过一个相当长的过程，通过长期的工作积累，才能达到目标，从而满足价值主体的需要。例如，建立良好的教育教学秩序，以满足高等院校人才培养工作的需要；培养学生良好的思想品德和行为习惯，以满足社会发展与学生自身发展的需要，等等。这些都不是一朝一夕所能实现的，而是需要长期的工作积累。

3. 受制性与拓展性

大学生管理价值的受制性是指大学生管理价值的实现要受到其他种种因素的影响。这是因为，大学生管理价值就是对大学生成长成才的作用和意义，而大学生的成长成才则还要受到高等院校内部其他因素和外部环境因素的影响。因此，大学生管理在大学生成长成才中作用的发挥，也就必然要受到其他种种因素的制约。当其他因素对大学生的影响与大学生管理的作用方向相一致时，大学生管理就容易收到实效，大学生管理的价值也就易于实现。反之，如果其他因素对大学生的影响与大学生管理的作用方向不一致时，大学生管理就难以收到实效，大学生管理的价值也就难以实现。大学生管理价值的拓展性是指大学生管理可以通过大学生的活动和影响对高等院校内部其他工作和外部环境因素发生作用，从而使自身价值得到拓展。

4. 系统性与开放性

大学生管理价值的系统性是指大学生管理的价值是一个由多种维度、多种类型的内容构成的有机整体。按价值的主体，可分为社会价值、高等院校集体价值和个体价值。社会价值是大学生管理对社会运行和发展的作用和意义；高等院校集体价值是大学生管理对高等院校运行和发展的作用和意义；个人价值是大学生管理对大学生个体成长和发展的作用及意义。按价值存在的形态，可分为理想价值和现实价值。理想价值是大学生管理价值的应有状态，即大学生管理所追求的最终价值；现实价值是大学生管理的实有状态，即在现实条件下已经实现或正在实现的价值。还可以按价值的性质，分为正向价值和负向价值；按价值的大小，分为高价值和低价值；等等。大学生管理价值就是由上述各种价值组成的系统。大学生管理价值的开放性是指大学生管理的价值会随着价值主体的需要和大学生管理功能的变化发展而变化发展。随着社会的发展，大学生管理服务对象的需要在变化发展，这就必然会促使大学生管理的功能发生相应的变化和发展，从而使大学生管理的价值得到增强和拓展。

（二）大学生管理的社会价值

1. 培养合格人才的重要手段

中国特色社会主义事业的发展需要数以亿计的高素质的劳动者、数以千万计的专门人才和一大批拔尖创新人才。高等院校是人才培养的重要基地，其中心任务就是要为中国特色社会主义建设培养合格的专门人才。而大学生管理则是高等院校人才培养工作的重要手段，在培养合格人才中发挥着不可或缺的重要作用。

（1）维护正常的教育教学秩序

高等院校的教育教学活动总是按照一定的制度和规章有目的、有计划、有组织地进行的，建立和维护正常的教育教学秩序是高等院校教育教学工作的内在要求和基本条件。这就需要有严格的、科学的管理，包括大学生管理。大学生管理在维持高等院校教育教学秩序中具有特殊的重要作用。在大学生管理中，实行严格的学籍管理，按照一定的制度和规定，有序地做好有关学生入学与注册、课程和各种教育环节的考核与成绩记载、转专业与转学、休学与复学、退学、毕业与结业等各项工作，是建立正常的教育教学秩序的基础。实施系统的学习管理，引导学生明确学习目的，提高学习的主动性和自觉性，规范学生的学习行为，督促学生自觉遵守学习纪律和考试纪律，形成良好的学风，是建立正常的教育教学秩序的关键。加强对学生班级、学生社团等学生群体的管理，引导学生紧紧围绕学校的教育教学目标，有序地开展班级活动、社团活动和其他课余活动，是建立正常的教育教学秩序的重要条件。

（2）激励、指导和保障学生的学习行为

高等院校教育教学的过程是教师与学生双向互动、"教"与"学"辩证统一的过程。其中，"教"是主导，"学"是关键。学习是大学生的主要任务，是大学生能否成为合格人才的关键。而大学生管理则对大学生的学习行为起着重要的激励、指导和保障作用。其激励作用主要表现在：引导大学生充分认识大学学习的社会意义和个体价值，明确学习目的，以激发大学生的学习动机；运用颁发奖学金和授予荣誉称号等方式，表彰学业优秀的学生，以鼓励大学生勤奋学习；把竞争机制引入他们的学习活动之中，围绕大学生的专业学习，组织各种竞赛活动，以激发大学生的学习热情。大学生管理对大学生学习行为的指导作用主要表现在：指导新生了解大学阶段学习的特点和要求，促进他们尽快实现学习方式从被动性学习到自主性学习的转变；指导大学生根据社会需求和自身实际制定职业生涯规划，确定自己的职业生涯发展方向，从而明确学习的目标；指导大学生掌握科学的学习方法，养成良好的学习习惯，不断提高自主学习的能力和学习效率；指导大学生积极开展社会实践活动，注重在实践中加深对专业理论知识的理解，在实践中提高自己的专业技能。大学生管理对大学生学习行为的保障作用主要表现在：加强资助管理，切实做好助学贷款和助学金的发放工作，组织和指导大学生的勤工助学活动，为家庭经济困难的学生安心学习、顺利完成学业提供必要的经济条件；开展大学生学习心理的辅导，帮助他们克服学业焦虑等各种消极心理，以积极健康的心态对待学习等。

（3）培养学生的思想品德

中国特色社会主义建设所需要的合格人才不仅要具备良好的专业知识和能力素养，还要具备良好的思想品德。所谓思想品德，是指人在一定的思想体系指导下，按照社会的言行规范行动时，表现在个人身上的相对稳定的特征。它是以心理因素为基础的思想与行为的统一体。培养大学生良好的思想品德，不仅需要深入细致的思想政治教育，还需要有效的管理，这是因为人们良好思想品德和行为习惯的形成，有一个由他律到自律的过程。大学生各方面还未成熟，发展尚未稳定，加之各个大学生的思想基础不同，接受教育的主动性、积极性和自觉性各不相同，因此，大学生自我管理、自我约束的能力尚有欠缺并存在差异。要帮助大学生提高自理、自律的水平，使他们能够自觉地遵循社会的思想规范、政治规范、道德规范和法纪规范，并形成良好的行为习惯，就必须在加强思想政治教育的同时，加强对大学生各方面的管理，注重大学生日常行为规范的训练。通过大学生管理，科学制定并严格执行各项规章制度，强化行为管理和纪律约束，使大学生的学习、交往等各方面的行为都能够按照一定的规范有序地进行，不仅有助于培养大学生良好的行为习惯，也可以为思想政治教育创造良好的环境条件，从而增强思想政治教育的效果。

2. 构建和谐社会的内在要求

大学生管理作为对大学生这一特殊社会群体提供引导和服务的社会活动，在构建社会主义和谐社会中发挥着特有的重要作用，具有特殊的重要价值。

（1）大学生管理是维护社会稳定、实现社会安定有序的重要保证

我们所要建设的社会主义和谐社会应该是民主法治、公平正义、诚实友爱、充满活力、安定有序、人与自然和谐共处的社会。安定有序是社会主义和谐社会的内在要求和重要特征，也是实现社会和谐的基本条件。社会稳定则是安定有序的基本内容和重要表现，也是改革、发展的前提。高等院校稳定是社会稳定的重要条件，高等院校稳定的关键则又在于大学生。这是因为大学生的思想尚未成熟，存在着显著的矛盾性。他们关心国家发展，关注时事政治，追求民主自由，并具有较强的政治参与意识，但尚缺乏政治经验和社会生活经验，政治辨别能力不强，因此，容易受到社会上错误思潮和不良倾向的影响。同时，大学生正处于青年期，情感具有强烈性，这既使大学生热情奔放，勇往直前，也使大

学生易于冲动，甚至失去理智。成千上万的大学生集中在高等院校的校园内，如果缺乏正确的引导和有效的管理，一些不良的倾向和问题很容易在大学生中扩散开来，并造成不良的社会影响。因此，切实加强大学生管理，正确引导大学生的社会活动和政治行为，妥善解决大学生在学习、生活、交往和就业中碰到的各种矛盾和问题，及时处理大学生中发生的各种突发事件，以保持高等院校的稳定，对于维护社会稳定，实现社会安定有序具有特殊的重要意义。

（2）大学生管理是构建和谐校园的重要手段

高等院校是现代社会中不可或缺的重要社会组织，担负着培养人才、推进科技进步、传播先进文化的重要任务。构建和谐校园，是构建社会主义和谐社会题中应有之义，也是推进高等院校科学发展的内在要求。加强大学生管理，引导和组织大学生积极发挥在和谐校园建设中的主体作用，是构建和谐校园的重要保证。加强大学生管理，建立和完善大学生参与民主管理的组织形式，引导、支持和组织大学生依法参与学校的民主管理和实行自主管理，切实维护和保障大学生在校期间享有的权利，引导和督促大学生全面履行法律规定的义务，自觉遵守国家法律和学校管理制度，能够有力地推进高等院校的民主法治建设。加强大学生管理，妥善地协调大学生与学校、与教师之间的关系，维护大学生的正当利益，实事求是地评价大学生的思想品德和学业成绩，公正地实施奖励和处分，正确地处理出现的各种矛盾和问题，可以使公平正义在校园中得到弘扬。加强大学生管理，督促学生在学习考试、科学研究、人际交往和日常生活中坚持诚实守信，做到不作弊、不剽窃，引导大学生尊敬师长，友爱同学，团结互助，才能在校园中形成诚信友爱的良好风气。通过大学生管理，充分调动大学生的积极性和创造性，围绕专业学习，开展丰富多彩的社团活动和社会实践活动，鼓励、组织和支持大学生开展科学研究、进行创造发明、尝试创业活动，才能使校园真正充满活力。通过大学生管理，建立和维护学校正常的教育教学秩序和生活秩序，加强大学生的安全教育和管理，保障他们的身心健康，有效地预防和妥善地处理学生中的突发事件，努力建设平安校园，才能使校园实现安定有序。通过大学生管理，引导和督促大学生自觉维护校园环境，节约使用水、电等各种资源，才能使校园成为人与自然和谐共处的生态校园。

（3）大学生管理是促进大学生集体和谐发展的重要手段

大学生集体的和谐发展，不仅直接关系着大学生个体的健康成长和全面发展，也直接关系着高等院校的和谐稳定和科学发展。大学生管理内在包含着对大学生集体的管理，因此在促进大学生集体和谐发展中具有十分重要的作用。通过大学生管理，引导大学生集体自觉遵循学校的有关制度和规定，紧紧围绕学校的人才培养目标和大学生成长成才的需要，积极开展丰富多彩的集体活动，充分发挥自身在大学生自我教育、自我管理中的作用，可以促进大学生集体的发展与学校的发展和谐与统一。通过大学生管理，切实加强大学生集体的思想建设、组织建设、制度建设和作风建设，引导大学生增强集体意识，主动关心集体发展，积极参与集体活动，弘扬团结互助精神，不断增进同学友谊，注重相互沟通与交流，及时化解各类矛盾，可以促进各个大学生集体自身的和谐发展。通过大学生管理，引导大学生党团组织、班级、学生会、社团等各类大学生集体正确处理相互之间的关系，加强相互之间的沟通和协调，做到相互配合、相互支持，形成大学生自我教育、自我管理的合力，可以促进各类大学生集体的相互和谐与共同发展。

（三）大学生管理的个体价值

大学生管理的个体价值是指大学生管理对大学生个体成长与发展的作用和意义，即大学生管理的属性和功能对大学生个体成长与发展需要的满足。大学生管理的个体价值主要表现在引导方向、激发动力、规范行为、完善人格和开发潜能等几个方面。

1. 引导方向

大学生管理具有突出的导向功能，对大学生的成长和发展起着重要的导向作用。大学生管理的导向作用，主要表现在以下三个方面。

（1）引导政治方向

引导大学生确立坚定正确的政治方向即坚持中国特色社会主义的方向，是高等院校的一项极为重要而又十分紧迫的任务。要实现这一任务，首先要加强大学生思想政治教育，同时，也要加强大学生管理。这是因为，大学生管理的社会属性决定了大学生管理必然具有鲜明的政治方向性并对大学生的政治方向发挥引导作用。加强大学生管理，严格执行高等院校学生管理规定，引导和督促大学生自觉遵守高等院校学生行为准则，加强对大学生的行为尤其是政治行为的管理和指导，引导他们正确行使依法享有的政治权利，防止和抵制各种腐朽意识形态对大学生的影响，及时纠正校园中出现的错误倾向，维护和保障校园的政治稳定和政治安全，对于引导大学生坚持、坚定正确的政治方向无疑具有重要作用。

（2）引导价值取向

价值取向是指人们基于自己的价值观在面对或处理各种矛盾、冲突、关系时所持有的基本价值立场、价值态度以及所表现出来的基本价值倾向。价值取向决定和支配着人的价值选择，制约着人们思想和行为的方向。引导大学生掌握社会主义核心价值体系，坚持正确的价值取向，有着尤为重要的意义。鲜明的价值导向是大学生管理的一个显著特点。大学生管理通过坚持和贯彻体现社会主义核心价值体系的管理理念，制定和执行以培养社会主义建设合格人才为根本宗旨的管理目标体系和管理规章制度，对大学生的价值取向发挥重要的引导作用。

（3）引导业务发展方向

引导大学生确定既符合社会需要、又符合自身实际的奋斗目标，明确业务发展的方向，可以引导他们把自己的主要精力和时间投入实现既定目标的业务学习和实践活动之中，从而促进他们早日成才。大学生管理在引导大学生业务发展方向方面的作用集中表现在：通过对学生学习活动的指导，引导大学生根据相关专业的要求和自己的兴趣爱好，确定专业学习的目标，从而明确在专业学习方面努力的方向；通过对大学生职业生涯规划的指导，引导大学生根据社会需求、职业发展的趋势和自身的主观条件与愿望，确定自己的职业理想，从而明确自己职业生涯发展的方向。

2. 激发动力

大学生管理对大学生的激励作用，主要是通过以下三种路径实现的。

（1）需要激励

需要是人的行为动力的源泉，是行为动机产生和形成的基础。人的积极性的发挥及其发挥的程度，归根结底取决于其需要能否得到满足以及满足的程度。大学生管理坚持以人为本的管理理念和服务学生的管理原则，关心大学生的实际需要，维护大学生的正当利益，扎扎实实地为大学生的成长和发展提供各方面的指导和全方位的服务，因此，也就必然会对大学生发挥重要的激励作用。

（2）目标激励

人的行为总是指向一定的目标，目标是人们期望达到的成果和成就，能够激发人的内在积极性，鼓励人们奋发努力。人们对目标的达成满足自身需要的价值看得越大，估计目标能够实现的可能性越大，目标的激发力量也就越大。大学生管理遵循社会发展要求与大学生自身发展需要相统一的原则，科学地制定管理的目标，着力引导大学生根据社会需要和自己的兴趣爱好、主观条件合理地确定自己的学习目标和发展目标，从而对大学生发挥着重要的激励作用。

（3）奖惩激励

奖励和惩罚是大学生管理的重要方法，其目的就是要通过运用正、负强化手段，控制大学生行为结果的反馈调节作用，以维持和增强大学生努力学习和践行大学生行为准则的主动性和积极性。奖励是通过奖赏、赞扬、信任等褒奖形式来满足大学生的需要，使其感到满足和喜悦，从而更加奋发努力的正强化手段；惩罚是通过造成被惩罚者某种需要的不满足而使其感到痛苦和警醒，从而变消极行为为积极行为的负强化手段。大学生管理通过恰当地运用奖励和惩罚，鼓励先进，鞭策后进，从而激励全体大学生奋发努力。

3. 规范行为

大学生管理的一项重要任务就是要科学制定和严格执行各项管理规章制度和纪律，以规范大学生的行为，促进其形成文明的行为方式和良好的行为习惯。大学生管理在规范大学生行为方面的作用，主要是通过以下三种途径实现的。

（1）加强制度建设

制度建设是大学生管理的重要内容。大学生管理中的制度建设，就是要依据社会发展要求、人才培养目标和大学生健康成长与发展的需要，科学制定和不断完善各项规章制度，使大学生明确应该做什么、不应该做什么，应该怎么做、不应该怎么做，并引导和督促大学生用于规范自己的行为，逐步形成文明的行为方式。

（2）严格纪律约束

纪律是一定的社会组织为实现组织目标而要求其全体成员必须共同遵守并赋予组织强制力的行为规范。它是建立正常秩序、维系组织成员共同生活的重要手段，是完成各项任务、实现组织目标的重要保证，因此成为大学生管理中不可或缺的重要手段。在大学生管理中，通过严格执行学习、考试、科研、集体活动、校园生活、安全保卫等各方面的纪律，以约束和调整学生的行为，并对违纪行为及时作出恰当的处罚，可以有效地引导和规范学生的行为，促进其良好行为习惯的养成。

（3）引导自我管理

自我管理是大学生管理的重要路径。自我管理的一项重要内容就是要启发大学生的自觉性和主动性，引导大学生自觉遵守管理制度，主动地用体现社会要求的大学生行为准则规范的行为，实行自我约束和自我监督。这种自我约束和自我监督，既表现在大学生个体的自我管理中，也体现在大学生群体的自我管理中。在大学生班级、寝室、社团等群体的管理中，充分发挥学生的主体作用，引导学生在民主讨论的基础上，形成全体成员共同遵守的规章制度，并相互监督执行，不仅有助于营造良好的群体氛围、实现群体的目标，而且有助于提高全体成员规范和约束自己行为的自觉性。

4. 完善人格

人格是一个人所具有的稳定而统一的心理特征的总和。通俗地讲，人格就是指一个人的品格、思想境界、情感格调、行为风格、道德品质、精神面貌，等等。人格既是个人发展状况的集中表现，也是个人发展的内在主观条件。人的全面发展内在地包含着人格的健全和完善。大学生管理以促进大学生的全面发展为根本目的，因此必然要注重培育大学生健全的人格，以促进他们形成崇高丰富的精神境界、高尚优秀的道德品质、积极健康的心理品格。大学生管理在完善大学生人格方面的作用，主要表现在以下两方面。

（1）优化环境影响

环境是影响大学生人格形成和发展的重要因素，对大学生的人格具有陶冶和感染的重要作用。"近朱者赤，近墨者黑"，说的就是这个道理，大学生管理在营造良好的校园环境、优化校园环境影响方面具有重要作用。大学生管理通过制定和执行合理的规章制度，建立和维护正常的校园秩序；通过有效的学习管理和班级管理，促进良好学风和班风的形成；通过对大学生交往活动的管理和引导，优化校园的人际环境；通过对大学生网络活动的管理和指导，净化校园的网络环境；通过对学生社团和学生课余活动的管理和指导，形成积极向上、丰富多彩的校园文化生活环境；通过对学生生活园区的管理和学生日常行为的指导，为学生营造安定有序、文明健康的日常生活环境，等等。

（2）指导行为实践

实践是大学生人格形成和发展的基本途径。大学生所接受的各种教育影响，只有在实践中通过他们亲身的体验，才能真正为他们所理解、消化和吸收。大学生行为习惯的养成、实践能力的提高，等等，更是自身长期实践活动的结果。因此，大学生管理通过对大学生行为和实践活动的管理和指导，也就必然会对大学生人格的完善发挥重要作用。

第二节　大学生管理的理念与原则

一、大学生管理的理念

大学生管理的基本理念是对大学生管理规律的认识和对实践经验的高度概括，是大学生管理必须遵循的基本指导思想。高等院校要以培养人才为中心，按照国家教育方针，遵循教育规律，不断提高教育质量；要依法治校，从严管理，健全和完善管理制度，规范管理行为；要将管理与加强教育相结合，不断提高管理水平，努力培养社会主义合格建设者和可靠接班人。因此，大学生管理应该坚持人本管理、管理育人、科学管理、依法管理的基本理念。

（一）服务育人的理念

大学生管理说到底就是为大学生的全面发展和健康成长服务，而不仅仅是为了"管"

大学生，更不能把大学生仅看作管理的对象。只有树立了管理就是服务、管理就是育人的理念，才能从根本上转变大学生管理的态度、思路、方法和作风。高等院校加强和改进大学生思想政治教育是教书育人、管理育人、服务育人相统一的系统工程。要"坚持教育与管理相结合"，要"从严治教，加强管理"，要"建立健全与大学生成长成才相适应的管理制度体系"。要时刻注意把思想政治教育融入大学生管理之中，建立起自律与他律、激励与约束有机结合的长效机制。

①要强化服务意识，着力解决大学生最关心的实际问题。大学生管理涉及关乎大学生切身利益的诸多方面，比如学业问题、就业问题、家庭经济困难问题和心理问题，等等。管理者要高度重视解决大学生的这些实际问题，让他们感受到关怀与温暖，为其接受管理者的教育与引导奠定感情基础。在解决实际问题的过程中，注重和解决思想问题相结合，既办实事又讲道理，坚持管理与教育的结合，做到既关心人、帮助人，又教育人、引导人。

②在实施管理时要注意大学生的情感因素，注意制度的刚性和管理的弹性。大学生管理是做"人"的工作，人是有理性、有感情的。无论教育手段多么先进，也不能替代面对面的思想沟通；无论传媒手段多么发达，也不能替代人与人之间的感情交流。正是这种情感作用，才使得管理产生融洽和理想的效果，才能调动学生的积极性和主动性。要考虑每个学生的具体情况，采用他们最容易理解和接受的方式来实现管理。这样才能让大学生乐于接受制度规范要求，主动地内化为自己的行为准则，从而形成良好的行为习惯和品质。

③要营造良好的管理氛围。良好的管理氛围不仅要求管理者对大学生要真诚、尊重、理解、关怀和信任，同时更要求管理者时刻注重自身形象，把形象育人作为管理育人的重要方式。要建立全员育人的机制，形成全员育人、全程育人、全方位育人的格局。要创造丰富多彩的校园文化，校园文化具有丰富的内涵，对大学生有潜移默化的教育和引导作用。通过校园文化活动使大学生的业余生活更加丰富，能力得到锻炼，才干得到发挥，素质得到提高；使学生在浓厚的校园文化氛围中，身心愉悦，拓宽视野，获得全面、和谐的发展。

（二）科学管理的理念

科学管理的实质在于将实践积累的管理经验加以标准化、系统化、科学化，用科学管理代替经验管理。科学管理的主体思想包括三个方面：一是提高劳动生产率，这是科学管理的中心问题，是确定各种科学管理原理和方法的基础；二是在管理实践中建立各种明确的规定、条例、标准，使管理科学化、制度化，这是提高工作效能、达到最高工作效率的关键;三是科学管理不仅在于具体的制度和方法,而在于重大的精神变革。大学生管理工作中的科学管理,特征是规范化、制度化和模式化,其核心价值在于提高学生管理的效率,强调建立完备的组织机构、详细的工作计划、严格的规章制度、明晰的职责分工、管理的程序化和采用物质激励以及纪律约束与强制。在这种管理方式下,大学生的学习模式、纪律制度、行为准则、运作程序都实现了规范化;信息传递、各项学习生活实现了程序化,最大限度地引导大学生接受正确的价值取向,实现管理效能的最大化。

①要用科学完备的制度规范引导人,尊重不等于放纵,没有规矩不成方圆。养成良好的行为习惯是学生成才的重要维度。为此要大力加强大学生管理的制度文化建设,建立科学、人性的大学生管理体制体系。

②要构建平等和谐的师生关系,在师生互动中实现管理的和谐。管理者不应是高高在上的发号施令者,而应是积极的引导者和平等的协商者。管理者要以学生为友,平等地与学生交流,尊重学生的个性,真诚地为学生提供学业指导、生活帮扶和心理辅导。管理者尤其是辅导员教师,要在管理过程中,创造性地展示自己的才华,在与学生交往、交流中实现自己的理想与人生价值,真正做到互为主体、教学相长。

③要建立一体化工作体制机制和运行模式。加强大学生工作机构的建设,强化其组织协调功能,理顺学生管理系统各部门、各层次、各岗位的职责权限关系,使管理工作与教学工作、课堂内的管理与课堂外的管理、学院与机关、机关各职能部门以及各管理者之间坚持统一的标准,统一的声音,形成合力,互相促进。

二、大学生管理的原则

大学生管理原则的确定,主要依据大学生管理的内在规律、实践经验及党的路线、方针、政策。新形势下,大学生管理主要包括方向性、发展性、激励性和自主性等基本原则。

(一)方向性原则

大学生管理坚持方向性原则,是涉及培养什么人、如何培养人的根本性问题。大学生管理是高等院校办学的重要方面,是学校育人环节的重要一环,社会主义大学的主要目标是培养合格的社会主义事业建设者和可靠接班人,大学生管理工作直接影响这一目标的实现。方向性原则是指确定大学生管理的目标,进行大学生管理活动,要与高等院校育人工作的总目标相一致,要与党和国家的教育方针、规范、政策和法律法规中规定的教育目标、管理目标等相一致。方向性原则是大学生管理中具有决定性意义的基本原则。只有坚持这一原则，才能促进大学生管理沿着高等教育育人工作的总目标发展，才能保证大学生管理的正确方向，才能有利于培养全面发展的社会主义事业建设者和接班人。坚持方向性原则，是大学生管理的社会属性决定的，也是我国大学生管理历史经验的总结。

大学生管理中坚持方向性原则，关键需要做到以下三点。

1. 增强管理者的政治意识

大学生管理是具有鲜明的政治方向、价值导向的。任何社会的大学生管理都是为一定社会、阶级服务的。不同社会的大学生管理目的、理念、任务、方式和方法等，都是有着显著差异的。然而，在我们的管理理论和实践中，往往存在着忽视管理的政治功能和价值导向的现象。一些人甚至不认为大学生管理有何方向性可言。因此，体现大学生管理的方向性，首要的问题就是增强管理者本人的政治意识，促进管理者有意识地在管理过程中思考管理的政治方向和价值导向。管理者要把方向性要求贯穿在大学生管理全过程和具体的活动中。引导广大学生积极投身改革开放和社会主义现代化建设，在为祖国、为人民的不懈奋斗中实现自己的人生价值。

2. 以制度的合法性体现管理的政治导向性

坚持方向性原则，就必须自觉接受党的领导，其核心是坚决贯彻党的方针、路线、政策。学校的各项制度就是贯彻党的方针、路线、政策的主要载体，是一定社会政治方向、价值导向等的具体体现。因此，学校层面制定的各类大学生管理相关制度，一定要与国家的法律、法规相一致。通过合法制度来保障大学生管理的方向性。要注重把方向性原则融入制度建设和执行的全过程，使学生坚定社会主义的理想信念，在实践中成长成才。

3. 按时代需求及时调整管理目标

坚持方向性原则不仅体现在政治方向上，而且还体现在管理是否能为党和国家的中心任务服务上。不同时期，党和国家的任务是不同的，对人才的需求也是不同的。这就要求大学生管理要紧扣时代主题，不断调整管理目标，创新管理模式。目前，发展是时代的主题，经济建设是党和国家的中心任务，要根据这一中心任务制定具体的大学生管理目标。

（二）发展性原则

大学生管理坚持发展性原则，包括两个方面：一是管理工作本身要不断发展；二是通过管理促进学生的全面发展。从管理工作本身来看，随着我国社会政治、经济、文化的不断发展，社会生活发生了复杂而深刻的变化，大学生管理工作的形势、环境、对象、任务发生了深刻的变化，这就要求管理的体制、机制不断变化，管理方式、目标、途径及时调整，以确保大学生管理工作的实效。

通过管理促进学生全面发展，关键是要做到以下三点。

1. 要树立发展意识

思想是行动的先导，有什么样的发展理念，就会有与之相应的管理方式和结果。传统的大学生管理重管理，把管住学生作为学生管理的出发点。个别管理者往往以强硬的制度来规范、约束学生的行为，以训诫、命令代替沟通。这些方式往往会伤害学生的自尊心，挫伤学生的自主性，有悖于学生的全面发展。大学生管理坚持发展性原则亟须转变传统的观念，要有意识地把学生全面发展作为管理活动开展的前提。在大学生管理中，牢固树立促进学生全面发展的责任感和紧迫感，打破思维定式，以新的发展观念指导管理决策，设计管理计划，谋划学生的全面发展。

2. 要不断推动管理创新

通过管理促进学生全面发展，需要同时注重管理本身的发展，而管理的发展实际上是创新。服务于学生全面发展的管理创新就是在遵循大学生管理规律基础上，与时俱进，坚持继承与创新相结合，创造性地开展工作，促进学生全面成长和成才。目前，大学生管理的机制、途径、方法与载体都是在过去的环境条件下，针对过去的情况产生的。但是随着社会经济的迅速发展，大学生管理工作面临着新环境、新问题，大学生在思想上出现了迷惑和困扰，在观念上呈现出多元化特点。如果固守原有的管理方法必然不能较好地适应今天的需要，解决不了今天的问题。为此，创新大学生管理工作成为时代和社会赋予的重任。

3. 要统筹各方面的资源形成促进学生发展的合力

一直以来，在高等院校管理的实践工作中都强调高等院校学生管理包括管理学生和服务学生两大方面。但在具体操作上，管理却总是多于服务。实践证明，把职业生涯规划、生活帮扶、大学生就业指导、心理辅导等贯穿于管理始终更易于发挥学生的主观能动性、激发学生的创造性，从而促进学生的发展。要理顺学校各管理部门关系，通过部门间的相互协调，相互联系，从而将组织内部各个要素联结成一个有机整体，使人、财、物、信息、资源等得以最佳配置，并形成促进学生发展的合力。

（三）激励性原则

激励性原则，是指大学生管理中利用一定的物质手段或精神手段，引导学生思想行为的变化，调动学生的积极性、创造性，使学生的潜能得到最大限度的发挥，从而实现管理目标的基本准则。在大学生管理中，恰当运用激励性原则，将使管理活动更易于被学生接受，更好实现管理的目标。

激励的效果取决于在激励过程中采取的手段、方式能否针对大学生的发展实际、能否满足大学生的需要、能否在大学生内心形成自我激励的内在动力等。因此，在大学生管理中贯彻激励性原则，需要做到以下三个方面。

1. 运用正向激励手段

高等院校在学生管理过程中，科学、合理地运用激励机制，有助于调动大学生的能动性和创造性，改变大学生的观念、行为。正向的激励主要有两种：一种是物质上的，主要指金钱或者实物，物质利益的需求和满足是人生存和发展的一个必备条件。对学生进行一定的物质激励，有助于调动学生积极性、主动性。另一种是精神上的，主要指通过各种形式的表扬，给予一定的荣誉。正向的激励有助于学生将外部的推动力量转化为自我奋斗的动力，充分发挥自身潜能，从而有效地激励学生成长成才。在大学生管理中，要协调好物质激励和精神激励的关系，依据学生的实际情况采取相应的激励手段，以确保管理效果。

2. 在管理中树立典型，通过榜样进行激励

榜样使人有目标、有方向。因此，要善于树立榜样，培养榜样，宣传榜样，并鼓励学生学习榜样、争做榜样、成为榜样。

3. 采取情感激发的方式

"情感，是人格发展的诱因，是青年追求美好生活的动力。"要确保管理目标的实现，一般都要有感情的催化。当管理者与学生平等对待、敞开心扉、相处愉快时，管理活动就比较容易开展；当双方针锋相对、互不理解时，学生往往产生抵触情绪，管理效果就会大打折扣。因此，要求管理者不仅要以制度约束人，还要以真情感染人，注重沟通，消除疑虑，用欣赏的眼光去看待学生，使每一个学生的需求得以尊重、困惑得以解决、特长得以发挥。

（四）自主性原则

自主性原则是指高等院校在进行大学生管理时，使大学生参与到管理过程中来，充分调动大学生的积极性和创造性，进行民主管理，实现自我管理和自我服务。大学生管理中坚持自主性原则要做到以下三点。

1. 唤醒大学生的自主管理意识

在大学生管理过程中，要营造轻松、愉快、快乐的氛围，使他们的自主需求得到尊

重；同时，要使大学生体会到自主管理的成就感，享受自主管理收获的成果。

2. 打造大学生自主管理的平台

辅导员要抓好班委会、团支部、学生会等学生组织为载体的自主管理平台，增强凝聚力、吸引力，建立定期流动机制和激励机制，充分保证大学生广泛地参与到自主管理中来。作为辅导员，要敢于充分"放权"，敢于把大学生管理工作交给学生，实现大学生的自我管理、自我服务。

3. 加强对大学生自主管理的指导

自主管理不等于放任自流，必须加强自主管理的指导，才能保证管理的方向和实效。怎样才能保证管理的方向和实效呢？有四个方面的内涵，即明确方向，定准目标，告诉学生工作要达到的程度和要取得的效果；定好标准，明确思路，告诉大学生怎样开展工作；做好监督，对学生任务执行情况进行跟踪观察，时刻关注工作进展情况；及时反馈，帮助大学生及时调整方向，确保学生工作在正确的轨道上进行。

第三节　大学生管理的过程与方法

一、大学生管理的过程

（一）大学生管理过程的含义和构成要素

1. 大学生管理过程的含义

大学生管理过程，就是大学生管理工作者对影响和制约大学生发展和成长的各种因素及其相互关系及时做出相应调整，以实现整体目标的过程。大学生管理过程的实质，就是要把握组织环境，把握管理对象变化、发展的情况，并根据组织目标，适时调节管理活动，在动态的情况下做好管理工作。充分认识和掌握管理过程，对于做好大学生管理工作具有非常重要的意义。因为管理行为并不能直接达到管理的目的，管理行为是一种周而复始的动态运行过程，管理的目的就是在这种管理过程中实现和完成的。充分认识和理解大学生管理过程，才能既从局部上理解管理行为的各部分内容，有助于做好大学生管理的各部分工作，又能从整体上理解由各部分内容结合而成的全部管理活动，有助于做好大学生管理的全部工作。

2. 大学生管理过程的构成要素

大学生管理过程的构成要素主要包括：管理者、管理对象、管理手段和职能、管理目标。管理者，即由谁来管理；管理对象，即管理什么，包括人、财、物、时间、空间和信息等；管理手段和职能，即运用什么样的手段和方法、发挥什么样的功能和作用等，也就是如何管理的问题，包括运用行政方法、法律方法、经济方法和教育方法等基本管理方法，对管理对象进行预测、决策、计划、组织、指挥、协调、激励和控制等；管理目标，即朝着什么方向走，最终达到什么目标。这四个基本要素相互作用，缺一不可。

（二）大学生管理过程的特点

大学生管理过程既具有一般管理过程的特征，如目的性、有序性、可控性等，又具有区别于其他管理过程的显著特点。与其他管理过程相比较，大学生管理过程主要有以下三个方面的特征。

1. 大学生的管理过程是一个大学生管理工作者与大学生双向互动的能动过程

大学生的管理工作是一种复杂的社会活动。社会的主体是人，人的活动构成了社会活动的基本内容。因此，在管理的过程中既要发挥管理者的主导作用，也要发挥被管理者的主体作用，并努力实现两者的统一。管理过程是管理者和被管理者之间相互影响、相互作用的一种双向互动的能动过程。作为管理者，应该能动地认识和塑造被管理者；而作为被管理者，则应该在管理者的启发和引导下，进行自我管理，并达到自我教育，从而实现接受管理和自我管理过程的有机结合，使被管理者将管理者所传授的思想观念和行为规范纳入自身的思想品德结构中成为支配和控制自身思想和情感行为的内在力量，即"内化"，实现由"管"到"理"，由"他律"到"自律"的飞跃。

2. 大学生管理过程是有效利用学校的各种资源，为大学生成长成才提供指导和服务的过程

大学生管理过程有别于一般管理过程就在于它以培养大学生成才为根本目标，而要实现这一目标，就必须对学校的各种资源进行分析和管理，将人、财、物、时间、空间、信息等各种管理要素组织运转起来，以求有效利用这些资源，使之发挥最大的效益，为大学生的健康成长和成才提供行之有效的指导。

3. 大学生管理过程是与大学生教育过程紧密结合，保证教育目标顺利实现的过程

大学生管理工作者在对大学生实施管理的过程中应坚持管教结合，管中寓教，教中有管。当今的大学生不仅思想活跃，还有很强的自主意识和自尊意识，这就对大学生管理工作者的管理水平提出了较高的要求。在管理的过程中，管理者必须寓情于理，寓意于行，不断提高管理工作的水平，力争使管理的过程成为被管理者受启发、受教育和实现内化的过程，并且促使被管理者把已经形成的思想观念和行为准则转化为自己外在的行为，养成相应的行为习惯，即实现由内化到"外化"，由"自律"到"自为"的飞跃。

(三) 大学生管理过程的主要环节

1. 大学生管理决策

大学生管理决策是指大学生管理工作者为了达成一定的目标，在掌握充分信息和对有关情况进行深刻分析的基础上，运用科学的方法，从两个以上的可行性方案中选择一个合理方案的分析判断过程。大学生管理决策过程包括明确问题和目标，制定、比较和选择方案等阶段性的工作内容。

（1）确立目标

在分析了大学生学习、生活、各种能力培养、实践活动以及未来就业和创业等可能遇到的种种问题、面临的挑战或者说不协调之后，还要进一步研究针对问题将要采取的各种措施应符合哪些要求，必须达到何种效果，也就是说，要明确决策的目标。这是因为，确立决策目标具有以下作用：一是保证学校内部各种目标的一致性；二是为动员和分配学校的各种资源提供依据；三是形成一种普遍的思想状态或气氛，如促成一种井然有序的学习、生活秩序，形成积极投身社会实践的传统，培养一种开拓创新的良好氛围；四是帮助那些能够和学校目标保持一致的学生形成一个学习、实践活动和生活核心，同时为阻止那些不能与学校目标保持一致的学生进一步参与此类活动提供一种解释；五是促成把学校总目标和不同阶段目标转化为一种分工结构，包括在学校内部把任务分配到各个责任点上；六是用一种能够对组织各项活动的成本、时间和成效等参数加以确定和控制的方式，提供一份关于组织目的和把这种目的转化为分阶段目标的详细说明。

要确立目标，需做好以下几方面工作。一是提出目标。这一目标应该包括上限目标和下限目标。二是明确多元目标之间的相互关系。大学生管理目标是多重的，但是对于不同年级、不同专业的学生来说，其目标的相对重要性是不同的。在特定时期，决策只能选择其中一项作为主要目标。然而，多元目标之间的关系是既相互联系又可能相互排斥的，如对毕业班的大学生来说，考研究生和考公务员以及求职之间就是这种既相互联系又相互排斥的关系。因此，在选择了主要目标后，还要明确它与非主要目标之间的关系，以避免在决策的实施过程中将主要精力和时间投放到非主要目标活动中去，避免捡了芝麻丢了西瓜。三是限定目标。目标的执行有可能给学校和大学生带来有利的结果，也可能带来不利的结果。限定目标就是要把目标执行的有利结果和不利结果加以权衡，规定不利结果在何种程度上是允许的，一旦超越这一程度则必须停止原计划，终止目标活动。一般来说，不论是何种目标，都必须符合三个基本特征：能够计量、规定期限和确定责任人。

（2）拟订决策方案

决策的关键在于选择，而要做出正确选择，就必须提供多种可供选择的方案。从实践来看，任何目标都可以通过多种不同的活动来实现，而不拟出几个实现它的抉择方案的情况是很少的。因为对于主管人员而言，如果看来只有一种行事方法，那么这种方法很可能就是错误的。在此情况下，主管人员可能就不再努力去考虑其他能够使决策做得更好的方法了。

决策方案描述了学校为实现目标拟采取的各种对策的具体措施和主要步骤，因为目标的实现可以采取多种不同的活动，所以应该拟订出不同的行动方案。在拟订方案的过程中，第一，要确保有足够多的方案可供选择。为了使方案的选择有意义，不同方案必须相互区别而不能相互包容。假如某个方案的活动能够包含在另一个方案之中，那么这个方案就失去了存在的意义和价值。第二，形成初步方案。一般说来，任何一个方案的产生都应该建立在对环境的具体分析和发现问题的基础之上，然后，根据问题的具体性质以及解决问题所要达到的目标，提出各种改进设想，并对诸设想进行分析、整理和归类，进而形成各种不同的初步方案。第三，形成一系列可行性方案。在对各种初步方案进行遴选、补充的基础上，对遴选出来的方案做进一步完善，并预期其实施结果，这样便会形成一系列不同的可行方案。

（3）比较与选择

要选择方案，首先要了解各种方案的优劣。为此，需要对不同方案加以评价和比较。这种评价和比较主要包括以下几个方面：一是实施方案所需要的条件能否具备，具备这些条件需要付出何种成本；二是方案的实施能够给学校和学生各自带来什么利益；三是方案实施过程中可能遇到哪些问题，其导致活动失败的可能性有多大。根据上述评价和比较，便可以寻找出各种方案的差异，分析出各种方案的优劣。在此基础上进行的选择，不仅要确定能够产生综合优势的实施方案，而且要准备好环境发生变化时可以启用的备用方案。确定备用方案的目的是对可预测到的未来变化准备充分的必要措施和应急对策，避免在情况发生变化后因疲于应付而忙中添忙，乱中增乱，或束手无策而蒙受这样或那样的损失。

2. 大学生管理计划

计划过程是决策的组织落实过程，决策一旦做出，计划就要紧紧跟上。计划是对决策目标的进一步展开和落实，离开了计划，决策便失去了意义。

大学生管理计划就是在决策既定目标的前提下，进一步根据实际情况，科学地、及时地预计和制定为达到一定的目标的未来行动方案。具体来说，就是通过将学校在一定时间内的活动任务分解给学生管理的每个部门、环节和个人，从而不仅为这些部门、环节和个人的工作以及活动的检查与控制提供依据，而且为决策目标的实现提供组织保证。

大学生管理计划是一种协调过程，它为学生管理部门和学生管理工作者以及学生指明了方向。当所有有关人员了解了组织的目标和为达到目标他们必须做出的贡献时，他们便开始协调他们的活动，互相合作，形成团队。而缺乏计划则会走许多弯路，从而使实现目标的过程无效率而言。大学生管理计划还可以促使学生管理部门和学生管理工作者展望未来，预见变化，以及制订适当的对策，同时减少不确定性、重叠性和浪费性的活动。大学生管理计划还能通过设立目标和标准进行控制。在计划中必须要设立目标，而在控制职能中，人们又会将实际的绩效与目标进行比较，发现可能发生的重大偏差，采取必要的校正行动。可以说，没有计划就没有控制。

（1）大学生管理计划的制订

一般来说，制订大学生管理计划可遵循以下程序。

①收集资料，为计划的制订提供依据。计划是为决策的组织落实而制订的，了解决策者的选择，理解有关决策的特点和要求，分析决策制定的大环境和决策执行的条件要求是制订行动计划的前提。由于计划安排的任务需要不同专业、不同年级的大学生利用一定的资源去完成，因此，计划的制订者还应该收集反映不同专业和不同年级学生的活动能力以及外部有关资源的供应情况的资料，从而为计划制订提供更多依据。

②目标或任务分解。目标或任务分解是将决策确定的学校总体目标分解落实到各个部门、各个活动环节，将长期目标分解成各个阶段的分目标。通过分解，便可以确定学校的各个部分在未来各个时期的具体任务以及完成这些任务应达到的具体要求。分解的结果是形成学校的目标结构。目标结构描述了学校中较高层次的目标与较低层次的目标相互间的指导与保证关系。

③目标结构分析。目标结构分析是研究较低层次的目标对较高层次的目标的保证能否

落实，亦即分析学校在各个时期的具体目标是否能够实现，能否保证长期目标的达成。学校的各个部分的具体目标是否能够实现，能否保证整体目标的达成。如果处于较低层次的某个具体目标尚不能实现，那么就应该考虑能否采取一些补救措施，倘若做不到这一点，就应该考虑调整较高层次的目标要求，有时甚至要对整个决策进行重新修订。

④综合平衡。一般而言，综合平衡工作应着眼于以下几点。一是分析由目标结构决定的或与目标结构对应的学校各部分在各时期的任务是否相互衔接和协调。具体来说，就是分析任务的时间平衡和空间平衡。时间平衡是要分析学校在各阶段的任务是否相互衔接，从而能否保证学校活动顺利进行；空间平衡则要研究学校的各个部分的任务是否保持相应的比例关系，从而能否保证学校的整体活动协调进行。二是研究学校活动的进行与资源供应的关系，分析学校能否在适当的时间筹集到适当品种和数量的资源，从而能否保证学校活动的连续性。三是分析不同环节在不同时间的任务与能力之间是否平衡，即研究学校的各个部分是否能够保证在任何时间都有足够的能力去完成规定的任务。由于学校的外部环境和活动条件会发生各种各样的变化，这样就可能导致任务的调整，因此，在任务与能力平衡的同时，还应该留有一定的余地，以保证这种可能产生的调整在必要时能够顺利进行。

制订并下达执行计划。在综合平衡的基础上，学校便可以为各个部门制订各个时段的行动计划（如长期行动计划、年度行动计划、季度行动计划），并下达执行。

（2）大学生管理计划的执行

制订计划的目的在于执行计划，而计划的执行需依靠学生管理工作者和大学生的共同努力。因此，能否保质保量完成计划，在很大程度上取决于在计划执行过程中能否充分调动广大学生管理工作者和大学生的积极性。

（3）大学生管理计划的调整

计划在执行过程中，有时需要根据实际情况的变化进行调整。这不仅是因为计划活动所处的客观环境可能发生变化，而且可能因为人们对客观环境的主观认识有了这样那样的改变。为了使大学生的各种组织活动更加符合环境特点的要求，必须对计划进行适当的调整。而滚动计划就是为了保证计划在执行过程中能够根据情况变化适时进行修正和调整的一种现代计划方法。这种方法根据计划的执行情况和环境变化情况定期修订未来的计划，并逐期向前移动，使短期计划、中期计划有机结合起来。由于计划工作中很难准确地预测将来影响发展的各种变化因素，而随着计划的延长，这种不确定性就会越来越大，如果一定要按几年以前的计划实施，可能会带来一些不必要的损失。采用滚动计划能够避免这种不确定性所带来的不良后果。滚动计划的基本做法是，制定好学校在一个时期的行动计划后，在执行过程中根据学校内外条件的变化定期地加以修改，使计划不断延伸，滚动向前。滚动计划方法主要应用于长期计划的制订和调整。这是因为，一般来说，长期计划面对的环境比较复杂，采用滚动计划可以根据环境变化和学校内部活动的实际进展情况适当进行调整，以便于使学校始终有一个为各部门、各阶段活动导向的长期计划。当然，这种计划方式也可以应用于短期计划工作，如年度和季度计划的制订和修订。

二、大学生管理的方法

科学实施大学生管理，不仅要系统把握大学生管理的过程，还要掌握行之有效的管理方法。大学生管理的方法是复杂多样的，各种方法都有其特殊的作用和特点。全面掌握和正确运用大学生管理的方法，是提高大学生管理效率的关键。

（一）大学生管理方法的内涵

大学生管理方法，是指在管理活动中为实现管理目标、保证管理活动顺利进行所采取的工作方式。管理方法是管理过程中不可缺少的运作工具，它来自管理实践，而又与管理理论的形成有着密切的关系。从某种意义上说，现代管理理论中一个又一个学派的出现，无不标志着管理方法的一次又一次的创新。

管理方法作为管理理论、管理原理的自然延伸与具体化和实际化，是管理原理指导管理活动的必要中介和桥梁，是实现管理目标的途径和手段，管理理论必须通过管理方法才能在管理实践中发挥作用。管理方法的作用是任何管理理论、管理原理都无法替代的。如今，管理方法在吸收和运用多种学科理论和知识的基础上已逐步形成了一个相对独立、自成体系的领域。

（二）大学生管理方法的类型及特点

1. 法律方法及其特点

大学生管理的法律方法是指以法律规范以及具有法律规范性质的各种行为规则为手段，调节大学生管理系统内外的各种关系，规范大学生管理行为的管理方法。大学生管理中所涉及的法律，既包括国家正式颁布的与大学生管理相关的法规，也包括各级政府机关所制定的具有法律效力的有关大学生管理工作的条例、规章和制度。法律方法的内容，不仅包括建立和健全各种法规，而且包括相应的司法工作和仲裁工作。这两个环节是相辅相成、缺一不可的。只有法规而缺乏司法和仲裁，就会使法规流于形式，无法发挥效力；法规不健全，司法和仲裁工作则无所依从，造成混乱。管理的法律方法具有以下特点。

（1）严肃性

法律和法规的制定必须严格按照法律规定程序进行，法律和法规一旦制定和颁布出来后就具有了相对的稳定性。法律和法规不可因人而异，必须保持它的严肃性。司法工作更是严肃的行为，必须通过严格的执法工作来维护法律的尊严。

（2）规范性

法律和法规是所有组织和个人行动的统一准则，对人们有同等的约束性。法律和法规都是用极严格的语言准确阐释其含义，并且只允许对它做出一种意义的解释。法律和法规之间不允许相互冲突，法规应服从法律，法律应服从宪法。

2. 行政方法及其特点

行政方法是指依靠行政组织的权威，运用命令、规定、指示条例等行政手段，按照行政系统和层次，以权威和服从为前提，直接指挥下属工作的管理方法。行政方法的实质是通过行政组织中的职务和职位来进行管理。它特别强调职责、职权、职位，而并非个人的能力和特权。因为在行政管理系统中，各个层次所掌握的信息也应当是不对称的，所以才有了行政的权威。上级指挥下级，完全是由于高一级的职位所决定的。下级服从上级是对上级所拥有的管理权限的服从。行政方法实际上就是行使政治权威，其主要有以下特点。

（1）权威性

行政方法所依托的基础是管理机构和管理者的权威。管理者权威越高，他所发出的指令的接收率就越高。提高各级领导的权威，是运用行政管理方法的前提，也是提高行政方法有效性的基础。对大学生管理工作者而言，必须努力以自己优良的品质、卓越的才能去增强管理权威，而不能仅仅依靠职位带来的权力来强化权威。

（2）强制性

行政权力机构所发出的命令、指示、规定等对管理对象具有不同程度的强制性。行政方法就是通过这种强制性来达到指挥与控制管理活动的目的。但是，行政强制与法律强制是有区别的，法律的强制性是通过国家机器和司法机构来执行的，只准许人们可以做什么和不可以做什么；而行政的强制性是要求人们在行动和目标上服从统一的意志，它在行动的原则上高度统一，但允许人们在方法上灵活多样。行政的强制性是由一系列的强制措施作为保证来执行的。

（3）垂直性

行政方法是通过行政系统和行政层次来实施管理的，因此基本上属于纵向垂直管理。行政指令一般都是自上而下，通过纵向直线下达。下级组织和领导人只接受一个上级的领导和指挥，横向传来的指令基本上没有约束力。因此，行政方法的运用，必须坚持纵向的自上而下，切忌通过横向传达指令。

（4）具体性

相对其他方法而言，行政方法比较具体。不仅行政指令的对象和内容是具体的，而且在实施过程中的具体方法上也因对象、目的和时间的变化而变化。因此，任何行政指令往往都是在某一特定的时间内对某一特定的对象起作用，具有明确的指向性和时效性。

（5）无偿性

运用行政方法进行管理，上级组织对下级组织的人、财、物等的调动和使用不按等价交换的原则，一切根据行政管理的需要，不考虑价值补偿问题。

（6）稳定性

行政方法是对特定组织行政系统范围内适用的管理方法。由于行政系统一般都有严密的组织机构、统一的目标、统一的行动，以及强有力的调节和控制，对于外部因素的干扰有着较强的抵抗作用，因此，运用行政方法进行管理可以使组织有较高的稳定性。

3. 经济方法及其特点

经济方法是运用各种经济手段，调节各种不同经济利益之间的关系，以获取较高的经济效益和社会效益的管理方法。对大学生管理而言，经济手段主要包括奖学金和罚款等。奖学金是指政府、学校、社会为表彰和鼓励优秀学生而设立的一种精神或物质奖励，其设置具有激励效应。这种激励效应是通过评奖评优等外在因素的刺激，使学生完成目标的行为总是处于高度积极状态，以进一步鼓励、激发、调动其内在的积极因素，即通过对优秀者、先进者某种行为的肯定和奖励以及对优秀事迹的宣传，达到鼓励先进，鞭策后进，引导全体学生共同进步、全面成才的目的。奖学金的项目和条件应能表达学校管理者对学生的期望，并且能对学生的行为方向和努力目标具有引导作用。罚款是对大学生违反规章制度给学校造成危害的行为所进行的经济惩罚。它可以约束某些人的不轨行为使其收敛。但是，罚款的名目和数额要适当，不能滥用。要防止出现用罚款来代替管理工作和思想工作的倾向，以免招致学生的不满和反对。奖励和惩罚最重要的是严明，该奖则奖，当罚则罚，激励正气，驱除邪气。只有这样，才能使奖学金和罚款成为真正的管理手段。经济方法具有以下特点。

（1）利益性

经济方法是通过利益机制来引导被管理者去追求某种利益，间接影响被管理者的一种方法。

（2）关联性

经济方法的使用范围很广，不但各种经济手段之间的关系错综复杂，影响面宽，而且每种经济手段之间的变化都会影响到多方面的连锁反应。有时它不仅影响当前，而且会波及长远，产生一些难以预料的后果。

（3）灵活性

一方面，经济方法针对不同的管理对象可以采用不同的管理手段；另一方面，对于同一管理对象可以在不同情况下采用不同方式来进行管理。

（4）平等性

经济方法承认被管理的组织和个人在获取自己的经济利益上是平等的。学校按照统一的价值尺度来计算和分配成果。各种经济手段的运用对相同情况的大学生具有相同的效力。

（三）大学生管理的主要方法

1. 目标管理的方法

（1）目标管理的程序

①设定目标。设定目标包括确定学校的总目标和各部门的分目标。总目标是学校在未来从事活动要达到的状况和水平，其实现有赖于全体成员的共同努力。为了协调大学生在不同时间不同地点的努力，各个部门的各个成员都要建立和学校目标相结合的分目标。这样就形成了一个以学校目标为中心的一贯到底的目标体系。在设定每个部门和每个成员的目标时，大学生管理部门及学生管理工作者要向学生提出自己的方针和目标，学生也要根据学生管理部门和学生管理工作者的方针和目标制定自己的目标方案，在此基础上进行协调，最后由学生管理部门和学生管理工作者综合考虑后做出决定。具体来说，设定目标就是要做到每个院系、每个班级在不同的阶段都要设定不同的目标，如学习目标、实践能力目标、纪律目标、卫生目标以及道德修养和人生理想目标，并以此作为努力的方向。同时，还要注意目标的设定一定要明确清晰、能够量化。要求要适度，既要具有挑战性，又是通过努力可以达成的。最后还要为目标的实现确定一定的时程，即目标实现要有一定的时间限定，不能是无休止的。

②执行目标。各层次、各院系的大学生为了达成分目标，必须从事一定的活动，同时在活动中必须利用一定的资源。为了保证他们有条件组织目标活动，就必须赋予他们相应的权力，使之能够调动和利用必要的资源。有了目标，大学生们便会明确努力的方向，而有了权力，就会产生强烈的与权力使用相应的责任心，从而充分发挥自己的判断能力和创造能力，使目标执行活动有效地进行。

③评价结果。成果评价既是实行奖惩的依据，也是上下左右沟通的机会，同时还是自我控制和自我激励的手段。成果评价包括学生管理机构和学生管理工作者对学生的评价，

学生对学生管理部门机构和学生管理工作者的评价，同级关系部门相互之间的评价以及各层次自我的评价。这种上下级之间的相互评价有利于信息和意见的沟通，也有益于组织活动的控制。而横向的关系部门相互之间的评价，也有利于保证不同环节的活动协调进行。而各层次中学生的自我评价，则有利于促进他们的自我激励、自我控制以及自我完善。

④实行奖惩。学生管理部门和学生管理工作者对不同成员的奖惩，是以上述各种评价的综合结果为依据的。奖惩可以是物质的，也可以是精神的。公平合理的奖惩有利于维持和调动大学生饱满的工作热情和积极性，奖惩若有失公正，则会影响大学生行为的改善。

⑤确定新目标。开始新的目标的管理循环。成果评价与成员行为奖赏，既是对某一阶段组织活动效果以及成员贡献的总结，同时也为下一阶段的工作提供了参考和借鉴。在此基础上，为各组织及其各层次、各部门的活动制定新的目标并组织实施，从而展开目标管理的新一轮循环。

（2）实施目标管理应遵循的原则

①授权原则。即在大学生实施目标的过程中，学生工作管理者要能够给予学生适度授权。

②协助原则。即学生工作管理者要给学生提供有关资讯及协助，并且要帮助他们排除实际执行中的一些困难，解决一些问题。

③训练原则。作为高等院校学生工作管理者，一方面要进行自我训练，以不断提高自己目标管理的水平；另一方面还要训练学生，帮助他们掌握相关的方法。

④控制原则。目标的实现是有期限的，为了确保目标的顺利实现，学生管理部门和学生工作管理者在每一阶段中都要对学生的活动加以监督、检查，对出现的问题及时进行协助矫正。

⑤成果评价原则。成果评价原则由一系列原则构成，这些原则包括公开、公平、公正和成果共享原则。坚持公开原则就是要求公开评估，如学生进行自我评估，学生管理工作者进行客观评估。坚持公正和公平原则就是本着对事不对人的原则对目标达成情况进行客观比较。坚持成果共享原则要求充分肯定学生的成绩，将成绩归于学生。

2. 民主管理的方法

实施民主管理，应着力做到以下几点。

（1）尊重学生的主体性

对大学生进行民主管理，就是要求在对大学生的管理中重视人的因素，也就是重视大学生的主体性，把大学生视为具有独立人格的个体。目前，有些学生工作管理者忽视学生的主体地位和平等独立的人格，要实施民主管理，大学生管理工作者必须改变态度，充分尊重大学生的主体地位，将其视为实现教育目标的主体，实现学校特别是大学生管理工作者与学生之间的互动，倾听他们的心声，反映他们的要求。对大学生的重视和尊重，会激发大学生对学校和学生工作管理者的信任和合作态度，进而支持其工作。

（2）正确认识学生的价值

大学生管理的对象是大学生，大学生管理的目的在于促进大学生身心健康的发展，使其个性得到张扬。在大学生管理中，应该充分发扬民主，把大学生既看作是高等院校学生管理工作的对象，又看作是管理的主体。目前，有些高等院校的学生工作管理者在进行管理和教育的过程中缺乏民主，忽视人的自觉性，重制度，轻教育，工作简单粗暴，奉行惩办主义，脱离育人的宗旨，导致师生关系紧张，这种管理方法必须摒弃，应转而采取民主的方法。着力培养大学生的主体意识，引导大学生自我管理、自我教育、自我服务、自主发展等，促使其主体能力最大限度地发挥，为日后走向社会、走向工作岗位打下坚实基础。

（3）建立学生参与管理的新型管理模式

从大学生的心理特征来看，他们正处于心理自我发现期，这一时期产生了认识和支配自我、支配环境的强烈意识，他们的思想和行为表现明显区别于中学生的相对独立的倾向，希望自己的意志和人格受到外界更多的尊重。他们对学校制定的规章制度、行为纪律会思考其合理性，不想被动地处于服从和遵守的地位，而是要求参与管理。根据大学生的这一心理特点，大学生管理应该打破传统的专制管理模式，激励大学生在管理中的主动精神和主人翁态度，鼓励大学生对学校的各项工作进行策略思考，形成民主管理的良好氛围，使学生真正参与到高等院校事务中来，体现学生的主体地位。如建立学校与学生的平等对话关系，让他们参与到教学工作、管理工作、后勤工作、社团工作中来，这样不仅可以减少潜在冲突的发生，而且可以改善学校及学生管理工作者与学生的关系，建立彼此合作、相互依赖、相互尊重、平等对话的良性互动关系和双方主体间的伙伴关系。

3. 刚性管理的方法

刚性管理，是指以规章制度为核心，凭借制度约束、纪律监督、奖惩规则等手段对组织成员进行管理。刚性管理是一种强调严格的控制，采取纵向高度集权的，以规章制度为核心的管理。规章制度往往是以规定、条文、标准、纪律、指标等形式出现，强调外在的监督与控制，具有很强的导向性、控制性，其约束力是明确的。俗话说：没有规矩，不成方圆。任何一个组织机构，它的正常运行和发挥效益都离不开严格的制度和规范。刚性管理是保证一个组织健康、正常运转所必需的管理机制的一个有机组成部分，它是以"合于法"为基本思路的管理方式和手段。

实施刚性管理，应着力抓好以下几个环节。

（1）依法治校、依法管理，构建宏观管理体系

以管理主体结构为基础，构建新的学生宏观管理体系，以法治建设为手段，保证宏观管理的有序高效运行。随着教育活动层次和范围的不断拓展，教育行为的社会背景也发生了许多变化，学生不再被简单地当作学校管理的相对人，而是学校内部关系的权利主体，不仅仅承担义务，而且享有权利。

（2）制定校纪校规，严格管理

学校为了维护教学秩序和教育环境，必须对违反校规和屡犯错误的学生给予处分。当然，在管理制度上对违纪的处分标准要依法和清晰，不能恣意专断地滥用学生管理权。在做出涉及学生权益的管理行为时，必须遵守权限、条件、时限以及告知、送达等程序义务，做到程序正当、证据充分、依据明确、处分恰当。

（3）建立日常工作制度

学生管理的日常工作，有相当一部分是可预见的，有规律可循的。建立规范化的日常工作制度，既可以为学生工作在执行、管理方面提供制度上的保障，也便于监督，同时还能够提高工作效率，降低工作成本，减少违纪现象。

4. 柔性管理的方法

柔性管理是相对于刚性管理提出来的。进入 21 世纪，人类对管理的要求已经不单单停留在严格、规范、科学的层面，而是更强调人性间的相互关怀和人格尊重，旨在不断追求人与人之间的情感互动和心灵共鸣，从而共同实现组织目标。促进人的全面发展的管理活动越来越为人们所接受并运用。于是，柔性管理便应运而生。大学生管理亦是如此，它面对的是有思想、有感情、有追求的大学生，单纯的刚性管理已不能完全解决大学生管理中面临的许多问题，必须辅之以柔性管理。柔性管理坚持以人为中心，注重人文关怀和心理沟通，强调通过营造和谐的组织文化和共同的价值观，以增强组织的向心力和凝聚力，从内心深处激发每个成员的积极性、主动性和创造性。柔性管理是刚性管理的完善和升华，以刚性管理为基础和前提，旨在使组织焕发生机和活力。如果说刚性管理更多地表现为静态的外显行为，那么柔性管理则更多地表现为动态内隐的心理认同。但对于大学生管理而言，不管是刚性管理，还是柔性管理，其落脚点都是为了促进大学生的成长发展。因此，这两种方法在大学生管理中如同车之两轮，鸟之两翼，是相辅相成的，应该做到"共融、共生、共建"，实现刚柔相济。

对高等院校学生管理工作者来说，柔性管理的精髓在于以学生为本，注重人文关怀，它强调在尊重大学生人格和尊严的基础上，充分发挥大学生的积极性、主动性和创新精神，使之在大学的学习、生活、能力培养、品格塑造、校园活动以及社会实践方面变被动

为主动，变消极为积极，变他律为自律，促进大学生自我管理、自我约束、自我完善，趋善避恶，使之成长为适应社会需求的高素质、强能力、富有良好潜质和优秀品格的优秀人才。

实施柔性管理，应该遵循以下几项基本要求。

（1）确立"以学生为本"的管理理念

学生管理工作者在对大学生的管理中，必须确立"以学生为本"的管理理念，将"一切为了学生，为了学生的一切，为一切的学生"作为工作的出发点，整个学生工作围绕学生的全面发展来展开。为此，必须改革以管理者和管理制度为中心的传统管理方式，实现工作方式方法由管理型向引导服务型转变，由说教型向示范型转变，真正体现"以学生为本"的工作态度，把保障和维护学生的利益放在所有工作的首位，以促进大学生全面协调发展为目标，把管理与大学生的幸福、自由、尊严、价值目标联系在一起，切实做到在情感上感动学生，在人格上尊重学生，在学习上激励学生，在生活上关心学生，在成才上引导学生。尽一切力量在学生的学习、生活、实践等方面予以帮助和指导，最大限度地满足每一个学生成长成才的需要。

（2）进行个性化管理

柔性管理的职能之一就是协调，而协调关系只能从个体开始。也就是说学生管理工作者必须与具体的学生打交道，在打交道中形成共识，形成相似。心理学家在对魅力的研究中发现，人们对于与自己相似的个体容易保持好感，这是因为"相似性吸引"使然。因此，学生管理工作者应该由个体入手进行工作，实施个性化管理，凡事因人、因事、因时、因地而异，充分考虑学生的个性特点、兴趣爱好、个人定位、个人素质和能力、优势劣势以及未来的职业目标等因素，既考虑学生思想动态、心理变化以及需求的共性，又要兼顾学生不同性格特点、兴趣爱好、未来职业选择和职业目标的差异性，进行有针对性的个性化管理。

（3）发挥大学文化的引领作用

大学文化虽然是一只无形的手，看不见的手，却是一所大学的灵魂之所在，它在塑造大学个性、凝聚广大师生员工的精神和灵魂方面发挥着巨大作用。健康向上、充满活力且体现时代精神的大学文化对学生价值观的形成、行为的规范、素养的提升具有潜移默化的影响。因此，在柔性管理中，应该发挥大学文化的引领作用，有针对性地将大学文化融于院风、班风、学风的建设之中，甚至融于一切活动中，以此培养大学生健康向上、积极进取的精神和良好的行为，使之不仅学会做事——掌握知识、发展能力，而且学会做人——养成良好习惯，形成健康的人格、优良的品德，促进大学生的自我完善和不断成长。

（4）建立健全激励机制

没有激励就没有动力，从某种意义上说，对大学生的管理就是围绕着激励展开的，激励是大学生自主性、主动性、积极性、创造性和潜力得以持续发展的动力源泉。从管理学角度看，人的所有行为皆由动机支配，动机又由需要来引发，无论何种行为，其方向都会指向目标，并进而满足需要。基于此，对大学生的管理也必须从培养全面发展的、适应社会需要的人才出发，从大学生的具体需要、动机、行为、目标入手，建立健全大学生激励机制，关注大学生的思想、情感、心理以及行动，帮助大学生进行目标管理，指导他们进行职业生涯规划，为每个人的个性化发展拓宽空间。创造一种激励学生提高素质、强化能力、健全人格、激发创新、追求卓越的文化环境，激发大学生夯实专业基础、不断提高能力水平、加强思想品德修炼，使之成为有理想、有目标、有追求、有能力的优秀人才。

5. 系统管理的方法

系统管理，即将相互关联的过程作为系统加以识别、理解和管理，以便于组织提高实现目标的有效性和效率。

大学生管理具有系统性管理的特点，主要表现在以下几个方面。一是整体性。大学生管理作为一个系统是由多个子系统组成的，如教学管理、生活管理、社团管理、社会实践管理、就业管理等，这些子系统之间既是相互独立的，同时又存在着相互依存、相互影响和相互制约。根据系统论思想，如果整个大学生管理系统的各个子系统的功能都能发挥正常，那么整体的功能就会比较理想。即使某些子系统的功能发挥不甚理想，只要能够组成一个良好的有机整体，一般情况下也能够取得较为理想的效果，这就是所谓的整体大于部分之和。二是关联性。大学生管理工作中的各要素既相互区别，又相互联系、相互作用、相互依存，并各有分工。例如，社团管理与社会实践管理尽管分工不同，但彼此之间又紧密相连，很多时候会表现得你中有我，我中有你。三是环境适应性。特定的环境会造就特定的管理，大学生管理离不开特定的环境，例如，大学生专业知识的学习、实践能力的打造、品格素养的修炼等都需要在一定的环境中进行，离开一定的环境是不可想象的。大学生管理工作只有具备了环境的适应性，能够顺应环境、有效利用环境提供的有利条件，才会富有成效。四是动态平衡性。大学生管理系统的各要素在时间、空间和资源上的不同组合，要随着宏观环境即社会的变化发展而变化发展，对宏观环境要保持灵敏的适应性。例如，在当今金融危机背景下，社会对大学毕业生的素质能力提出了新的要求，上手快、学习能力强、富有创新精神成为许多用人单位的共同诉求，这就要求我们的学生管理工作必须改变传统的重知识灌输、轻学习能力和创新能力培养的教学管理模式，变单纯的知识教育为知识与能力培养并重，加大社会实践的力度以适应社会需求。与此同时，还须保持系统的动态平衡，即让系统的各要素在各个环节上保持相应的比例关系，以免系统内部失调，影响整个系统的正常运转。五是目的性。大学生管理系统是一个具有多种目标的系统。在这一系统中，既有总目标，又有分目标，总目标、分目标有机结合形成一个目标体系，通过目标体系的不断优化，实现资源的有效利用，例如，一方面要最大限度地利用学校资源，另一方面还可以争取社会上一切可能的资源为我所用，以此推动学生管理工作的突破，使之为大学生提供最大的发展空间。

◆ 第二章　高等院校学生教育管理

第一节　大学生行为管理

一、大学生行为管理概述

（一）大学生行为管理的内涵

大学生行为管理是探讨和研究大学生行为过程的规律，对大学生行为目的、行为手段和行为结果进行指导、评价、矫正和控制，并使之产生正确积极的行为，养成良好的行为习惯和高尚的思想品德这一过程的总和。大学生行为管理从管理主体上划分，可分为学校管理和学生自主管理；从管理内容上划分，主要包括各级相关行为管理规范的制定、教育宣传与执行，学生良好行为习惯的引导与养成、学生偏差行为的矫正等方面；从大学生行为表现上划分，主要包括学习行为管理、社会实践行为管理、交往行为管理、消费行为管理、网络行为管理等方面。

（二）大学生行为管理的意义

1. 大学生行为管理是新形势下实现学校人才培养目标的重要手段

大学生行为管理作为大学生管理的重要内容，对大学生的基本行为具有强有力的约束和指导作用，对实现高等院校教育管理功能具有不可替代的意义。新时期大学生行为的管理与引导，是将管理与教育紧密结合，着眼于整体教育活动的健康有序进行和良好育人氛围的形成。因此加强学生行为管理，形成科学的、以人为本的管理秩序，直接关系到学校教育目标的实现，也直接关系到学校人才培养的质量，必须将其作为高等院校整体教育工作中的重要环节，在实际工作中重点加强、扎实推进。

2. 大学生行为管理有利于引导学生树立自觉的理性意识，是实现学生道德观正确发展的客观需要

大学学习生活阶段是青年学生个体成长的重要阶段，也是青年大学生理性意识逐渐成熟的阶段。青年大学生身心发展在此阶段趋于成熟，但个体道德规范尚未稳固，其行为特征存在一定的盲目性和局限性，行为意识亟待引导规范。具体来说，引导学生逐步实现由"他律"向"自律"转化，需要通过管理、教育等外部规范手段来引导、帮助学生树立正确的行为规范意识。大学生行为管理正是通过不断研究学生行为的新特征、新情况、新问题，有针对性地推动管理体制和管理机制的发展，引导其树立对积极健康行为的正确认知，树立自我管理的理性意识，从而促进其自身的全面发展。

3. 大学生行为管理有利于健康和谐秩序的形成，是维护高等院校、社会稳定的重要保障

大学生行为管理的一项重要职责在于规范学生的日常行为，教育引导学生遵守学校纪律，促进健康和谐的校园环境与社会环境的形成。对于高校来说，通过有效的学生行为管理可以进一步促进良好教育秩序的形成，确保学校各项人才培养工作得以顺畅开展。对于社会来说，大学生最终要步入社会，他们的行为意识将会影响其今后的工作甚至整个人生。重视行为管理，强化正确的行为意识，可以使其逐渐树立正确的道德规范，更好地服务社会，发挥大学生社会精英的作用。与此同时，大学生作为特殊的社会群体，其意识、行为受到国家和社会的广泛关注，对整个社会群体的行为意识会有一定的导向作用。

因此，加强对大学生行为的管理和引导，对于保障高校乃至社会稳定都具有重要的意义。

二、大学生学习行为管理

大学阶段，学习是学生的首要任务，大学生的学习行为直接影响自身的成长与发展。因此，加强大学生学习行为的管理和引导，能够帮助学生培养积极的学习意识、掌握科学的学习方法、养成良好的学习习惯，为未来成长成才奠定良好的知识基础。

（一）大学生学习行为的类型与特点

大学生学习行为是指大学生所开展的一切和获取知识、技能等目的相关的活动中表现出来的行为。从本质来说，大学生的学习行为是对于社会和自然的一个认识过程，是从无知到有知，从知之不多到知之甚多，从对社会和自然的盲目性认识到自觉性认识的过程。

1. 大学生学习行为的基本类型

（1）按学习方式划分

教师引导型：大学生在大学阶段的学习行为主要由教师的引导、传授获得。但是与中学课堂上教师的教育方式不同，集中的课堂专业学习已难以满足大学生发展的全方位需求，教师除进行直接的知识传授，更多地是扮演指导者和领路人的角色，为学生的学习行为指明方向、提供资源、分享经验、答疑解惑。

独立研究型：指大学生通过利用网络、图书馆等学习资源独立开展学习和研究。

集体研讨型：指大学生可以根据兴趣、爱好、专业的不同组成学习小组，集体进行研讨学习的学习行为类型。"独学而无友，则孤陋而寡闻""三人行，必有我师焉"，大学生在学习过程中，除了在教师指导下进行专业学习外，还经常会组建以学习为目标的各种群体，通过朋辈交流开展学习活动。

（2）按学习动机划分

学习动机是推动学生从事学习活动，并朝一个方向前进的内部动力。学习动机和学习行为相互影响，一方面，人的学习需要一定的学习动机来维持；另一方面，学习动机需要通过具体的学习行为实现。

按学习动机可将大学生的学习行为分为以下几种类型。

自我实现型：指大学生以实现个体的需要、兴趣、理想、信念、人生观等作为主要学习行为动机而开展的学习行为。对学习个体而言，这类学习动机属于内部动机，具有积极性、自觉性和主动性等特征。

知恩图报型：指学习行为动力主要来源于对父母、师长、社会恩遇的回报。这类学习行为主要以情感为基础，学习动机一般相对稳定。

谋求职业型：是主要以寻求理想的职业作为学习动力的学习行为。此类学习动机属于外部动机，往往会随着外部条件的变化而不断发展变化。

应对考试型：是主要以通过考试、取得成绩作为学习动力而激发的学习行为。

（3）按学习结果划分

言语信息的学习：学生掌握的是以言语信息传递的内容或者学生的学习结果是以言语信息表达出来的。这一类的学习通常是有组织的，学习者得到的不仅是个别的事实，而且是根据一定的教学目标给予许多有意义的知识。

智慧技能的学习：这是指学习者将利用符号转化成自身能力的学习，智慧技能并不是单一形式，它具有层次性，从简单到复杂包括四个层次：辨别、概念、规则、高级规则。

言语信息的学习帮助学生解决"是什么"的问题。而智慧技能的学习要解决"怎么做"的问题，以处理外界的符号和信息，又称为过程知识。

认知策略的学习：认知策略是学习者用以支配他自己的注意、学习、记忆和思维的有内在组织的才能，这种才能使得学习过程的执行控制成为可能。简单地说，认知策略就是学习者用来"管理"其学习过程的方式。这种使学习者自身能管理自己思维过程的内在的有组织的策略非常重要，是目前教育心理学研究的热门课题。认知策略的培养也应该成为学校教育的重要任务之一。

态度的学习：态度是通过学习获得的内部状态，这种状态影响着个人对某种事物、人物以及事件所采取的行动。人的行动是受态度影响的，而且态度还是人的动作表现的结果，因此学校的教育目标应该包括态度的培养。

运动技能的学习：运动技能又称为动作技能，如体操技能、写字技能、作图技能、操作仪器技能等。

2. 大学生学习行为的特点

大学生学习行为具有以下特点。

（1）专业性与广泛性并存

由于大学教育在培养目标、教学内容、课程设置上具有明确的专业划分，大学生的学习活动一般都围绕某一类专门性学科、依据专业的培养目标展开，其学习行为带有鲜明的专业性特征。另外，在大学课程体系中还包含外语、计算机等共同基础知识，伴随大学生学习活动的空间逐渐从课内向课外拓展，从现实向网络拓展，大学生除了专业学习，还经常根据自身兴趣爱好广泛涉猎、自主学习各种理论知识和技能，因此又呈现出广泛性特征。

（2）自主性与依赖性并存

当前在高等教育学分制和弹性学制的背景下，大学生的学习行为具有鲜明的自主性特征。他们可以在完成规定课程学习的基础上自由选课，有较多的业余时间对学习目标和学习内容进行规划设计，有目的地开展学习活动。但是，大学生由于受到自身素质、知识结构、学习能力等方面的限制，一定程度上还需要在教师的指导下进行学习活动，其学习行为还存在着一定的依赖性。

（3）阶段性与整体性并存

从现实来看，大学生在大学学习的不同阶段，其学习目标和学习重点也往往各不相同。如本科生在大学一年级时学习处于过渡期，还处于中学和大学之间的转型阶段，其学习行为多侧重对专业基础知识和公共基础知识的学习。进入大学二年级，学生已经开始侧重进行各种专业理论和基本技能的学习，这一阶段的学习行为往往呈现出一定的稳定性。到了大学三年级，大学生的学习目标日益明晰，学习内容逐渐向纵深发展。围绕各自目标，学生的学习行为差别趋于明显。进入大学四年级，学生开始面对择业问题并即将走向社会，学习行为更具有实用化、实践化的倾向，如进行专业实习、毕业设计、参加就业技能培训等。在大学生学习行为呈现阶段性特征的同时，从整体上看，大学生的择业成才的学习目标相对确定、所学专业的学习内容相对稳定，学习行为始终围绕自身的学习目标和学习内容这一核心开展，也呈现出整体性特征。

（二）大学生学习行为的管理与引导

近年来，随着社会的发展和高等教育改革不断深化，大学生学习行为更趋于自主化、个性化，但也由此引发了一系列的新问题。如部分学生仍以"及格万岁"的应试动机为主导，学习行为缺乏主动性和创造性。为了盲目追求成绩，甚至出现考试作弊、论文剽窃等现象，并给学校和个人造成了不良影响。因此，加强对大学生学习行为的管理和引导，帮助学生摆正学习心态，明确学习目标，提升学习与创新能力，已成为当前大学生学习行为管理的当务之急。

1. 明确学习目标，激发大学生深层学习动机

学习动机与学习目标是紧密联系的，任何学习动机都是出于学习目标的需要。对于大学生的学习行为管理引导，首要的任务就是帮助大学生树立科学的学习目标、强化学习行为的目标意识，进而形成科学的学习动机。具体来说，一是要引导学生充分理解个人需要与社会发展之间的关系。能够将个人需要与社会发展相结合，树立科学的学习成长目标。具体工作中要通过外在正面激励强化、职业发展辅导等方式，帮助学生认识到只有树立起明确的学习目标，才能在大学期间获得充分的发展。二是要充分激发大学生的深层次学习动机。在当前大学生就业形势比较严峻的背景下，学生学习动机实用化、功利化是有其合理性的，但是学习行为的过分功利化，会逐渐导致大学生失去学习的愿望和兴趣，甚至阻碍他们的发展成才。开展学习行为管理，要从每个学生个体的自身特质和兴趣爱好出发，通过唤醒学生的内在学习兴趣、激发求知欲，引导学生正确认识学业发展、树立积极的学习期望，从而充分挖掘学生的潜力，使其形成长期的学习动力。

2. 强化自主学习管理模式，提升大学生自主学习能力

授人以鱼不如授人以渔。大学阶段的学习，传授知识固然重要，但更为关键的是培养学生自主学习的能力，为其未来走上社会、终身学习奠定基础。一方面，要有针对性地客

观分析学生内在素质，进而针对学生个性特点和发展需求，制订合理的阶段性学习规划，对大学生自主学习进行方法指导，如建立自主学习规范、制订大学四年学习规划、完善自主学习制度等；另一方面，可以探索自主学习与小组学习相结合的方式，改变学生在学习上习惯一个人单独学习多而小组合作学习少的状况，组织学生进行合作学习，充分发挥朋辈集体智慧，促进自身学习能力的提升。此外，还要为学生自主学习提供充足的资源和良好的环境，不断丰富完善图书馆、网络教学等公共学习资源，积极为大学生创造自主学习实践机会，让大学生在实践探索中不断强化自主学习意识、提升自主学习能力。

3. 建立科学长效的学习奖惩机制，营造良好的学习氛围

学习奖惩机制是国家和学校人才培养方向的具体体现，对学生学习行为有着直接的导向作用，是确保学生学习行为健康发展的重要制度保障。一方面，以促进学生全面发展为指向，本着正面激励为主的原则，构建科学长效的学习奖励机制。对综合素质较高、专业学习优异、专长突出的同学给予充分的物质奖励和精神奖励，充分激发学生的内在学习动力和学习的积极主动性，为学生学习行为提供明确的发展导向。另一方面，学校要切实加强高等院校学生学习行为的纪律规范，保障学校正常的教育教学管理秩序，加强校风学风建设，对于违反学校相关管理规定的学生，要严格公正地纠正其不当的学习行为，要本着教育为本、严格规范的原则进行管理，建立警示、预防、处理等相关机制，严肃校风校纪，为学生提供公平、公正的学习环境，营造诚信、踏实的求学风气。

三、大学生社会实践行为管理

（一）大学生社会实践行为的类型与特点

1. 大学生社会实践行为的类型

（1）按实践范围划分

大学生社会实践行为的范围与空间十分广泛，按照大学生开展社会实践活动的范围进行划分，主要包括校内社会实践行为和校外社会实践行为。校内社会实践行为包括校内勤工助学、毕业设计、军事训练等；校外社会实践行为包括校外教学实践、校外专业实习、假期工作实践、社会调查、咨询服务、支农支教、社区服务等。

（2）按实践内容划分

学习研究型：主要是指大学生在专业教师的指导下，针对某一专业问题或社会热点问题，深入社会进行调查研究。参与此类实践活动可以培养大学生发现问题、解决问题的意

识和能力，在形成调研报告、发表科研成果的过程中还可以锻炼学生的学术科研能力。学习研究型还可包括由学校根据学生专业需求，统一组织学生参与到相关企事业单位进行的专业实习锻炼。

志愿服务型：主要指学校、学生社团或学生个体为满足社会需要而开展的公益性志愿服务活动，如绿化城市、美化校园、科技扶贫、义务演出、义务宣讲等。此类社会实践行为既可以帮助大学生走进社会，了解社会，还能够培养大学生无私奉献的精神及高度的社会责任感。

参观教育型：这种社会实践行为主要指学校或学生自发组织走进社会，到工厂、企业、中小学校、名胜古迹等进行参观考察，学生通过直接的感官体验，了解国情，升华思想，从中得到教育和启迪。

有偿劳动型：指大学生以获得经济报酬为主要目的而进行的社会实践活动。既包括由学校为大学生提供的勤工助学岗位，如图书管理、助研管理等，也包括大学生个体或集体自发组织参与的相关行为，如从事家教、推销产品、利用寒暑假时间到企事业单位打工锻炼等。此类社会实践行为有助于培养学生勤劳肯干的作风和艰苦奋斗的精神，提升就业能力。

2. 大学生社会实践行为的特点

大学生社会实践行为呈现的特点主要包括以下几个方面。

（1）体验性

实践体验是大学生学习知识、掌握本领的一个重要途径。大学生的理论学习往往通过课堂内学习得以实现，社会实践则更强调从感性上获得对社会各方面的认知、理解、体验和感悟。通过社会实践，学生可以将自身原有的知识经验与亲身接触的社会实际进行印证和比较，将抽象的理论知识与具体的实际问题联系起来并相互转化。

（2）专业性

大学生社会实践是高等院校教育教学不可或缺的重要环节，往往体现出所学专业理论知识与社会实践行为紧密结合的鲜明特征。主要体现在两方面：一是大学生社会实践行为的目的是通过实践检验、反思所学的专业理论知识，最终运用所学专业知识服务社会，实现自身价值；二是大学生社会实践行为的内容和方式具有专业性。大学生具有突出的专业知识和专业技能优势，能够更好地服务于社会各项事业的发展，如暑期"三下乡"活动，就是以法律、教育等学科的专业知识为活动内容而开展的实践，其形式和效果得到社会的广泛认同。

（3）阶段性

大学生社会实践行为的阶段性特点主要表现在两个方面。一是就大学生社会实践行为本身而言，是大学生社会化过程中的一个重要阶段。大学生处于人生中的成长成熟阶段，其社会化的任务是为进入社会、承担社会责任做好全面的准备，这一阶段的实践成果主要通过学习获得。二是实践内容的阶段性。主要表现为社会实践形式随着年级的增长而变化，如低年级学生的实践行为主要集中在校园内及其周边，以活跃课余文化生活、培养兴趣爱好、提升能力为主要目的。高年级学生的实践行为会更注重深入社会，通过调查研究、教育实习等方式把专业知识与社会实际联系起来。同时，除贯穿整个大学过程的学习研究实践外，各种实践行为都具有学生参与时间上的阶段性。

（二）大学生社会实践行为的管理与引导

1. 完善运行机制，充分调动大学生参与社会实践的积极性

一是要把社会实践作为学校教育教学活动的重要环节纳入整个教学体系，将社会实践作为人才培养过程中的重要环节。引入学分制，督促学生在完成实践活动后上报成果，对成绩合格者给予相应的学分。二是建立健全保障和激励机制。如设立专项基金，用于解决学生外出交通、住宿、参观等费用。对在社会实践活动中表现优异的学生给予一定的物质与精神奖励，还可将社会实践作为参与评奖评优、保送研究生、推荐就业单位的考核依据等。三是建立考核评价机制。进一步健全社会实践活动的考评体系，设立科学的考核标准和考核办法，全方位、多角度、全程式对学生实践活动给予评价。对实践行为做出客观反馈的同时，促使学生深入反思实践中的经验与不足。四是努力实现社会实践运行的基地化、项目化及社会化。具体来说，可以加强与社会单位的联系，有计划地建立一批稳定的社会实践基地，以招标的形式确立实践项目，确保实践活动的实效性。

2. 强化专业指导，确保学生社会实践活动的科学开展

学校应结合实际，建立和完善校院（系）两级学生社会实践活动指导体系。在学校层面，要设置专门的由学校分管领导在内、有关部门负责同志组成的大学生社会实践领导小组——加强高等院校社会实践的对内组织指导和对外联络沟通，建立科学规范的管理制度，保证社会实践有步骤、有计划地进行。在各院系层面，应发挥院系的专业优势、整合社会资源，选拔一支优秀的指导教师队伍，为学生社会实践活动提供专业指导，确保社会实践取得良好的效果。此外，高等院校还要加强对学生社会实践活动的理论研究，探索大学生实践行为的科学发展体系。

3. 加强示范宣传，进一步扩大社会实践活动效果的影响力

在实践行为进行的全过程中开展示范宣传教育，对扩大社会实践活动及其效果的影响力，实现宣传、鼓励和教育的目的有着重要作用。高等院校可以利用多种方式，强化社会实践参与者与其他学生的交流互动，增强示范引导作用。一方面，选拔和培育示范性的社会实践团队和个人，提供更广阔的展示平台和发展空间。高等院校教育管理工作者要从学校层面支持大学生的社会实践行为，提供更大的展示平台和发展空间。一是要充分发掘，开展评选活动，选拔出对大学生全面发展有积极作用和广泛影响的社会实践活动，给予适当的奖励和宣传。二是要加强培育，根据学生个性特质和兴趣方向组织开展社会实践活动，有意识地培育优秀的社会实践团体和个人。另一方面，多渠道宣传，提升社会实践影响力。通过网络、报纸、广播等多种形式宣传优秀社会实践活动的社会效益，以及在实践过程中的典型人物、事件、成果等，鼓励更多的大学生自主参与到社会实践活动中，在服务社会的过程中提升素质，全面成长成才。

四、大学生交往行为管理

（一）大学生交往行为的类型与特点

1. 大学生交往行为的基本类型

从大学生成长过程上看，大学生交往行为是其走向社会化的关键环节。当前伴随社会主义市场经济和高等教育改革的不断深化发展，大学生的交往活动更为复杂和广泛，交往范围、对象、内容、方式都发生了深刻变化。当前在大学生交往当中，主要可从以下几个维度进行划分。

（1）按照交往的范围划分

一是个体与个体之间的交往行为，即大学生作为独立个体，根据自身需求有目的地进行交往的活动，此类交往活动过程中交往双方能够建立起对于彼此的信任感和依赖感，是大学生人际交往中最常见的类型。二是个体与群体之间的交往行为，是指一个人和有共同目标的群体之间的交往。具体来说，在个体与群体的交往过程中，大学生期望在群体中找到认同感和归属感。三是群体与群体之间的交往行为，指两个或两个以上的群体之间为了实现某种目标而进行的交往活动，如班级与班级之间、寝室与寝室之间等以群体形式展开的交往活动。

（2）按照交往的对象划分

一是差异性主体交往行为，主要包括师生交往、学生与家人交往以及学生与其他相关社会人员交往。在高等院校，师生交往是差异性交往的一种主要形式。差异性主体交往要求以交往共同体中的每一方都必须保持人格上的独立与平等为基本前提，同为交往过程的主体相互影响、相互作用、相互渗透。这种相互作用由于交融了两种"主观性"，因此最复杂、最生动。二是相似性主体交往行为，主要指生生交往，即学生之间通过对话和活动而达成一致的交往活动。

（3）按照交往的内容划分

主要包括学习交往、工作交往和情感交往等。学习交往是指交往双方以学习为目的而进行的人际交往行为。它一方面包括学生之间通过课堂上的相互讨论以及课外学习中的互相帮助、相互鼓励等行为表现的交往活动；另一方面也包括师生之间的教学交往行为。工作交往主要是指在班级社团等学生组织开展的学生工作中形成的大学生交往行为，如参加学生会竞选、举办校园文化活动等。情感交往是指以情感交流为主的大学生人际交往行为，主要包括与家庭成员间的亲情式交往、与朋友间的友情式交往和与异性之间的爱情式交往。

2. 大学生交往行为的主要特点

从人际关系的发展变化来看，当代大学生的交往范围逐渐向社会群体交往转变，从大学生交往对象、交往形式和交往动机等方面看，主要呈现出以下特点。

（1）从交往对象上看，大学生交往范围不断扩大

由于当前大学生学习、生活方式的变化，大学生的交往对象由教师、亲人、同学的范围逐渐扩大，开始跨年级、跨学院交往，部分大学生的交往活动甚至走出校园，出现广泛的社会交往活动。在这一过程中，主要有以下两方面特点：一是大学生在交往过程中，往往会根据各自不同的交往程度和兴趣爱好，结成或松散或紧密的交往圈，并且以寝室为核心向班级、学院、学校逐渐扩展，逐渐形成开放的人际交往网络；二是其交往对象随年级增长而呈现阶段性变化。低年级学生以同学间交往为主，但随着年级增长，高年级学生因为受到考研、就业等不同的现实选择影响，出现了明显分流现象，同学间交往呈下降趋势，与父母、亲友、校外人员的交往成为大学生交往活动的主要方面。

（2）从交往形式上看，大学生的现实交往向虚拟交往延伸

新时期，伴随网络技术的快速发展，越来越多的大学生已经表现出依赖于通过网络虚拟交往来寻求内心满足的发展趋势，大学生的虚拟交往范围逐步扩大，成为现实交往的重要延伸。随着电子邮件、网络寻呼、网上聊天室、电子公告板、微博虚拟社区、从视频、

直播的发展，学生的交往范围也在逐渐向更为广阔的空间拓展。大学生喜欢网络交往主要是因为网络中的虚拟空间会给他们一个相对宽松的社交环境，网络社交帮助学生缓解现实生活的压力、满足好奇心，寻求一种角色转换，与此同时，网络交往通过文字、图像、视频等方式来交流信息、表达情感，其交往方式往往更容易被大学生所接受。

（3）从交往动机上看，大学生交往行为中精神追求和现实需要并重

从整体上看，大学生学习发展目标大体相似，大多数学生的交往主要建立在情感需求基础上，但由于受到社会多元化思潮的影响，大学生的交往动机也逐渐呈现精神追求与现实需要并重的基本特征。一项调研显示，在当前大学生交往活动中，最为主要的交往动机表现为"欣赏他人个性""发展共同爱好""共同学习生活"等方面。从年级差异上来看，低年级学生由于尚未形成很好的人际网络，加之相对陌生的生活环境带来的孤独感，促使他们在交往中除了以共同的精神追求为交往基础之外，更侧重"结伴学习生活"这一现实需求。高年级学生已经逐步适应了大学的学习生活方式，独立、自主意识增强，对于人际交往的精神需求加强，他们更注重共同的价值观念和人生理想。但同时，伴随就业、考研等现实性问题的出现，高年级部分学生越发注重人际关系对自我未来发展的实用性，在注重共同兴趣的基础上，部分大学生的交往动机也明显呈现出实用性倾向。

（二）大学生交往行为的管理与引导

1. 积极引导大学生树立正确的交往观念

当代大学生的交往活动逐渐走出校园、走向社会，交往环境日趋复杂。由于大学生生理、心理处于逐渐成熟阶段，人生阅历和人际交往经验不足，往往因为缺乏科学的交往观念，而造成人际关系紧张。因此在大学生交往行为的管理引导过程中，首先应该帮助大学生确立基本的交往原则、交往规范，帮助其形成正确的交往观念，引导大学生在交往活动中，明确平等尊重、团结互助、诚实守信等基本行为规范，树立符合社会主义核心价值观的科学交往观。

2. 积极开展交往训练，在交往实践中有效提升大学生的交往能力

大学生交往训练，就是以提高大学生交往能力为宗旨、促进大学生社会化为目的的一种教育形式。作为教育管理者必须帮助学生树立正确的交往目的，选择正确的交往对象、鼓励学生参加各种交往活动，提高他们人际交往的信心。要强化交往实践训练，引导大学生塑造出个性化的交往技巧，在表达能力、认知能力和控制能力等方面不断加强锻炼，从而提高其对于人际关系的感受、适应、协调和处理能力。一般来说，交往实践的训练可以

通过两方面进行：一方面可以通过积极组织丰富多彩的校园文化活动，加强同学之间的交流和沟通，通过丰富多样的学生群团组织让学生体会不同的社会角色，使学生能够有意识地进行交往，引导学生尽可能扩大自己的交往接触面，有意识地、主动参与交往活动，主动与他人建立社交关系，从而在具体的交往环境中，学习基本的礼仪知识、交往策略，不断地在体验中获得交往经验；另一方面可以着力强化班集体、宿舍、社团等学生交往载体建设，营造良好的群体交往环境，通过群体的健康氛围来影响个体学生的交往心理，进而通过群体的整体带动为其创造交往机会，提升其人际交往能力。

3. 建立大学生交往冲突的预防和处理机制

大学生人际交往行为中，预防和处理交往冲突是做好交往教育引导工作的重要一环。由于大学生的人际交往活动具有隐蔽性和不可预测性等特征，实际工作中必须建立有效的交往冲突预防和解决机制，才能有效保障大学生交往行为的正常进行。

要积极建立预防机制，对学生人际交往冲突进行针对性的预防与引导。首先，应广泛关注大学生的日常思想动态，及时发现存在人际交往困难的学生，对于大学生中容易出现的交往问题进行早期预测预警，通过发现和识别潜在的或现实的不稳定因素，有针对性地采取防范措施。

交往冲突发生后，要妥善化解和处理学生的交往矛盾。针对学生的交往冲突，教育管理者应保持理性，迅速找出双方形成交往冲突的内在原因，帮助学生疏导交往中的压力和问题，进而做好交往引导，提供疏导交往冲突的渠道。常见的办法主要包括以下方面：一是当冲突微不足道或双方需要时间恢复情绪时，应针对冲突双方采取冷处理，缓解双方情绪，避免冲突升级。二是针对冲突升级，并造成人身伤害或财产损失时，应依据相关学校管理规定，视情节给予警告、记过甚至开除学籍处分；对于造成严重后果的，可报送司法部门依法进行处理。此外，教育管理工作者应及时准确上报冲突双方信息，通过学校相关主管部门采取适当的方式进行教育引导。

五、大学生消费行为管理

(一) 大学生消费行为的类型与特点

1. 大学生消费行为的基本类型

当代大学生消费形式多样，但是按照不同的消费目的与消费内容，大学生消费行为主要包括学习消费、生活消费、交际消费、文化消费等多种类型。

（1）学习消费

一般来说，大学生在学习方面的支出所占比重较大，其中包括学费、教材费、辅助性学习资料消费等。近年来，考取各种资格认证在一定程度上成为大学生学习消费的新领域。除了大学英语四级、六级证书，计算机等级证书，逐渐兴起的职业技能鉴定部门组织的证书考试，如导游资格证、心理咨询师资格证也占有一定的比重。此外，韩语、日语、西班牙语等第二外语培训，雅思、托福考试也成为大学生学习消费的新项目。

（2）生活消费

大学生用于衣、食、住、行等方面的生活消费一直是大学生消费的主要方面，具体包括饮食、交通、服装、饰物、生活用品等。随着社会生活水平的提高，大学生生活消费中用于满足基本生存需要的比重逐渐降低，在消费时更加注重生活质量的提升。

（3）交际消费

近年大学生用于在校与人交往联络的交际消费支出日益增多，成为大学生消费行为的主要类型之一。大学生群体思维活跃、个性鲜明、交流广泛，加上社团和兴趣小组组织开展的文化活动，使大学生交际活动日趋频繁而多样，其交际消费在整个支出中的比重也有所增加。

（4）文化消费

文化消费是指大学生用文化产品或服务来满足精神需求的一种消费，包括教育、文化娱乐、体育健身、旅游观光等方面的消费。这种消费活动实际上是对学生精神生活需要的满足，对于大学生来讲必不可少且非常重要。

2. 大学生消费行为的主要特点

（1）消费内容多样化

受我国经济发展水平的影响，改革开放初期，大学生的消费主要是用于满足生活消费，其余部分也多会用来购买学习相关用品和自己喜欢的书籍，用于娱乐和享受的费用相对较少，大学生自身具备充足的消费时间和便利的消费条件。但是随着经济的迅速发展，市场消费产品丰富，大学生群体的消费观念也发生了变化。大学生群体的消费不再局限于满足日常学习和生活，文化消费和精神消费比例逐渐提升，消费内容日趋多样化。

（2）消费水平两极分化

由于各自家庭经济条件的不同，大学生的消费水平呈现出很大差异。经济条件相对优越的大学生每月生活费高，而家庭经济困难学生的生活费则很低，且绝大多数困难学生没有交际消费和娱乐消费。这种消费结构上的两极分化不仅是大学生思想观念、学习观念、生活观念在消费行为中的具体反映，在某种程度上也体现了社会生活中的现实差距，这种现实差距会深刻地影响大学生的心理成长。大学生彼此之间有着深刻影响，消费水平的现实差异很可能使大学生之间产生对立效应，进而产生一些消极的对立行为，高等院校学生管理工作者对此应予以重视。

（3）消费合理性与盲目性并存

一方面，大多数学生能够在消费活动中充分发挥自身主观判断能力，在消费过程中认真思考，通过一定的比较后，从实际需要出发进行合理的选择，能够在消费活动中做出理性的决策；另一方面，由于目前大学生的大部分生活经费主要由家庭供给，但家长对于大学生在校期间的消费信息缺乏了解，难以对学生消费行为进行明确限制，加上部分学生缺乏理财观念和能力，在消费时具有一定的盲目性，出现了盲目消费和过度消费，甚至引发负债消费的问题。高等院校学生管理工作者要准确把握这些问题，不失时机地引导学生树立理性的、科学的、长远的消费观念。

（二）大学生消费行为的管理与引导

1. 进行分类教育，引导大学生树立正确的消费观念

高等院校教育管理者应该从大学生的消费观这一源头入手，培养学生勤俭节约、艰苦奋斗的价值观念。不同经济条件和年级阶段的学生的消费行为存在着一定差异。大学生管理者应加强分类教育，提升教育的针对性，引导大学生树立科学的消费观念。在大学生群体中，学生的消费水平差异日趋扩大，迫切需要针对不同层次的消费群体，开展针对性教育。对于经济条件相对较好的学生，倡导积极的消费文化，通过志愿服务、社会实践等途径锻炼这一部分大学生，使他们在实践中提升生活品位，树立追求丰富的精神生活的观念，引导着眼于未来的发展型消费。针对经济条件较差的大学生，应该鼓励他们自强自立，为他们提供更多的勤工助学岗位，同时发挥榜样示范作用，在学生中选取勤俭节约、逆境成才的典型，通过"身边人讲述身边事，身边事影响身边人"的形式引导学生树立科学正确的消费观念。

2. 提供理财指导，提升大学生科学规划消费行为的能力

学会理财是大学生能够独立自主生活的重要条件之一，进行理财指导，其核心是引导教育大学生合理分配生活中的各种费用，发挥最大效益。高等院校教育管理者应从和学生生活息息相关的内容入手，帮助大学生形成科学的理财意识，鼓励他们更多关注自主成长和职业发展的需要，增加发展型消费的比例。一方面，进行理财规划指导。引导学生每个月做好消费计划，量入为出，科学合理消费。控制自己每个月的消费上限，并能够详细记

录每一笔消费，为自己建立一个计划性强且富有弹性的消费习惯，不盲目攀比、超前消费。另一方面，引导学生提升发展性消费比例。开展消费行为认识活动、自我理财方法指导，帮助大学生正确分析自我消费需要的种类、层次，合理分配用于生存、享受和发展等方面的消费支出。引导学生根据自己实际情况，提升学习消费等发展性消费的比例，提高消费结构中的文化、教育含量，从而实现最大的消费效益，满足自身成长成才的需求。

3. 多渠道约束和监督大学生消费行为，形成教育合力

大学生的消费行为是大学生个人与环境交互作用的结果。虽然大学生消费具有较强的自主性，但学校内外的环境也会对其消费行为的方向和方式产生重要影响，因此要整合学校内外的各种教育资源，多渠道引导大学生理性消费。从学校来看，为了维护正常的教学秩序和保证大学生的健康成长，要从制度上做出明确的规定，如从公寓管理的角度限制大学生因娱乐而晚归或不归的行为，明令禁止抽烟酗酒行为等；从家庭教育来看，加强父母对子女教育的参与，学校应设法为家长提供教育、沟通的渠道，及时通报学生在校情况。父母不应该只是教育经费的提供者，也应该扮演引导和帮助孩子成长成才的角色；从社会氛围来看，营造健康向上的消费文化，为大学生理性消费创造条件，从舆论上反对拜金主义和享乐主义；从学生自身来看，充分发挥学生自我管理能力，引导班集体、寝室等学生主要生活群体通过制订学生消费行为准则等方式，促使学生对消费行为进行自我监督、自我约束，养成健康文明的生活习惯。

第二节　大学生群体组织管理

一、大学生群体组织管理概述

（一）大学生群体组织的内涵

大学生群体组织的产生是大学生内在心理需要和教育目标、教育规律相互作用的结果。大学生内在心理需要主要体现在情感交往的需求、获得认同感的需求和实现自我发展的需求三个方面。一是情感交往的需求。大学期间学生的交往需求比较迫切，渴望与他人交流，希望得到同龄人的关注以摆脱初入学时的孤独感，希望通过突破原有的个人生活、学习圈子，拓宽视野，丰富自己的生活，因此大部分大学生对于参加集体活动非常积极，这也是大学生群体组织形成的一个重要原因。二是获取认同感的需求。大学生希望能在学

习、生活和交往等方面显示自己的才能，发挥自己的作用，得到社会和他人的认可。学生组织通过开展各种比赛、表彰活动等，为学生提供认识并实现自身价值的机会，从而满足学生获取认同感的需要。三是学生自我发展的需求。伴随着社会进程的加快，社会竞争越来越激烈，大学生从入学开始就意识到未来考研、就业的压力，这种危机意识使其自我提升的要求增强。学生组织开展各类培训、竞赛的目的是培养大学生的能力和素质。学生通过参与活动可以锻炼能力、提高素质，实现自我发展。

大学生群体组织有多种分类方式。根据大学生群体组织的组织机构完整性和紧密性，可将大学生群体组织分为正式群体组织和非正式群体组织；根据大学生群体组织的目标和性质，可以把大学生群体组织分为政治型群体组织、学习型群体组织和兴趣爱好型群体组织等。这里我们选取正式群体组织、流动群体组织、生活群体组织等特定的学生群体组织进行深入探讨。

（二）大学生群体组织的特点

1. 相似性

大学生群体组织一般都是由志趣相仿的学生人群组成，他们在成长环境、思想、心理和目标上都有一定的相似性。首先，大学生群体组织成员接受的教育程度相当，这就决定了他们具有相同或相似的认知水平和思维方式；其次，大学生群体组织成员处于同一个年龄段，思想、心理特点较为相似，在一些基本问题的认识上存在着相似性；再次，大学生群体组织中的大多数成员有着相近的理想和目标，追求个人专业知识的丰富和综合能力的提高，追求良好的工作和学习、深造机会；最后，大学生群体组织之间虽有不同的组织形式和特定的组织目标，但在最根本的发展方向和成长目标上是相似的。

2. 年轻化

同其他社会组织相比，大学生群体组织的成员大多处于青年期，精力充沛，思维活跃，加上大学生自身逻辑思维、抽象思维能力逐渐提高，个人价值追求和个人能力提升的目的明确，在学习、生活等方面会表现得较为积极和活跃。但与此同时，年轻化也带来了发展过程中的不确定性。大学生正处于世界观、人生观、价值观确立的关键时期，受到社会多元价值观念和社会多种复杂问题的影响，会表现出价值判断和情绪波动的不稳定性。加上大学生群体组织成员的流动性强，新成员带来新的思想观念和活力，影响和冲击着组织原有的行为体系，因此大学生群体组织又具有不确定性。

3. 互动性

互动是指个人与个人、个人与群体、群体与群体之间通过信息传播而发生的相互依赖的社会交往活动，是指各种因素之间相互影响、相互促进、互为因果的作用和关系。大学生群体组织的一个重要特征就是互动交往。大学生组织成员的互动交往与其他社会组织的互动交往相比，既有相同点，也有不同点。相同点在于如果大学生组织成员之间不发生任何形式的互动，就不能产生关系，也就不可能形成组织；不同点在于大学生群体的交往互动具有全面性、深刻性等特征。大学生处于相对自由的环境中，社会关系比较简洁、清晰，他们在学习、实践的过程中逐渐主动地走到一起，交流、讨论，形成互动。大学生之间的接触和交往程度、交流内容涵盖大学生生活的各个方面，比如学习探讨、思想沟通、娱乐休闲、工作交流、生活互助等。与社会其他组织相比，大学生群体组织的互动是更全面的互动。同时，大学生是大学校园活动的主体，是各类学生组织的组织者、管理者和参与者，在参与组织活动和管理团队的过程中，要求大学生彼此信任、详细分工、密切合作，因此交往和互动更为深刻。

4. 文化性

高等院校的文化建设在社会文化的发展中具有重要的引领作用。在这种背景下形成的大学生组织，其文化特征应是高品位、高知识含量的。大学生组织成员是由高学历成员组成的，他们学习科学知识，掌握科学技术，这从知识层次上体现了大学生组织的高品位文化特征。同时，伴随高等院校素质教育的推行以及大学生自我价值的实现需求，大学生提高自我素质的自觉性和主动性不断加强，聚合成高素质水平的大学生组织，这也体现了大学生组织的文化特征。

(三) 大学生群体组织的管理

大学生群体组织管理是指高等院校的领导及管理人员，为实现高等院校学生群体组织的培养及管理目标，按照国家的教育方针和各项政策法令，科学地、有计划地组织、指挥、协调群体组织内部的各种因素，包括人、物、时间、信息等，并对其进行预测、计划、反馈、监督。

随着我国高等教育事业的不断进步，对大学生群体组织的管理越来越被重视。但是我们还应该清醒地看到，随着大学生群体组织数量和组建形式的增多，在管理工作中不可避免地会存在一些不足。如管理者观念保守，缺乏对群体组织文化的认同；管理方法的改变滞后于信息手段的丰富；管理机构不完善、对群体组织管理目标不明确等。面对这些新形势、新特点，大学生群体组织的管理工作者需要与时俱进，更新管理观念，提升管理技能，努力实现学生群体组织管理工作的系统化、现代化、规范化和科学化。要加强对大学生群体组织的思想政治教育管理，引导大学生群体组织树立正确的价值取向；创新大学生群体组织的行为管理，适应大学生群体组织行为的发展变化趋势；完善对大学生群体组织的制度管理，引导大学生群体组织走向规范化；加强对大学生群体组织管理的研究，探讨如何使大学生群体组织的教育与管理工作更加科学化。

二、大学生正式群体管理

（一）大学生正式群体的内涵及特点

1. 大学生正式群体的内涵

大学生正式群体是大学校园内相对稳定的学生群体组织形式，主要包括学生党组织、学生团组织、班集体、学生会等群体。

学生党组织设立党总支、党支部、党小组等，高等院校学生党组织是党在高等院校的基层组织的重要组成部分，是党在高等院校保持战斗力的重要基础。学生团组织在学校党委领导下开展工作，主要有团委、分团委、团总支、学生团支部等。学生团组织是联系青年学生的重要纽带和桥梁，是党的助手和后备军，是青年学生团员的忠实代表。团组织的性质决定了其在全面推进大学生素质教育、培养合格人才工作中肩负着责无旁贷的历史责任。

班集体作为学校教育教学的基本单位，是学生共同成长的重要组织，它以健全的组织形式对成员发挥着管理功能。班集体有明确的规章制度、有健全的管理机构，学生在现实生活中的许多问题都是通过班级来解决的。班集体作为高等院校在校学生的基本组成形式，还发挥着教育功能，其凝聚力是一股无形的、强大的力量，对班集体成员起着激励和约束的教育作用。良好的班风对每一位学生的价值观念、行为规范、学习风气等方面都有着潜移默化的引导作用。

高等院校的学生会组织是在学校党委的领导和学校团委指导下的学生群众性组织，是全校学生利益的代表。学生会是联系和沟通学生与学校党政部门的重要桥梁和纽带，以营造良好的学术氛围、增强校园文化底蕴为工作重点，进行自我教育、自我管理和自我服务。同时，学生会还是学校有效开展校务管理，实现学校育人目标的重要依靠力量。维护校规校纪，倡导良好的校风、学风，促进同学之间、同学与教职员工之间的团结，协助学校建设良好的教学秩序和学习、生活环境；组织同学开展勤工助学、校园公益劳动等自我服务活动，协助学校解决同学在学习和生活中遇到的实际问题；沟通学校党政与广大同学的联系，通过学校各种正常渠道，反映同学的建议、意见和要求，参与涉及学生的学校事务的民主管理，维护同学的正当权益，可见，学生会是大学生正式群体的重要组成部分。

2. 大学生正式群体的特点

大学生正式群体具有健全的组织机构、完备的组织制度、很强的凝聚力。正式群体是思想政治教育的重要载体和依靠力量，是沟通学校和学生的桥梁和纽带。大学生正式群体表现为以下几个方面的特点。

（1）具有较强的方向性

大学生正式群体是为了完成某一特定功能而建立起来的，具有较强的方向性和目标性。例如，学生党团组织是上级党团组织为了实现对基层党员、团员进行有效管理而建立的组织，它具有很强的政治色彩，承担了传播主流价值观以及党的路线、方针、政策，有效贯彻党的政治主张、基本路线和基本纲领等政治任务。班级是为了完成大学学习功能而形成的群体，其基本功能是接受教育或学习。学生会是为了促进学生自我教育、自我管理、自我服务而统一建立的自治组织。因此，相对于其他群体来讲，正式群体的目标更加明确，方向性更强。

（2）具有较强的规范性

大学生正式群体基本属于"科层制"管理模式，即组织有极其严格的规章制度和等级制度，下级服从上级是基本的组织纪律，具有较强的规范性。学生党团组织要遵循党章团章以及学校基层党组织的相关规定和要求，在学校党委及其职能部门、校团委和院系党团组织的领导和指导下开展工作。班集体作为高等院校管理的基本单位，有健全的管理制度，规范着班级管理的各个基本环节和学生的基本行为规范。学生会虽具有一定的自治性，但直接接受党团组织的指导，具有严格的章程、科学的机构设置、明确的工作要求和严格的考核制度。较强的规范性确保了正式群体及时、有效地贯彻落实党的方针政策和学校的制度规范、发展要求。

（3）具有较强的凝聚力

从行为科学角度看，凝聚力是指群体对成员的吸引力和成员之间的相互吸引力，既包括群体对其成员的吸引力，又包括成员对群体的向心力。大学生正式群体的成员之间有着很深的感情和很强的凝聚力。党团组织以马克思列宁主义、毛泽东思想、邓小平理论、"三个代表"重要思想、科学发展观和习近平新时代中国特色社会主义思想的科学性和先进性凝聚人，以优秀党员、优秀团支部干部的良好形象凝聚人。它的凝聚力体现在党员、团员和普通学生对党团组织的忠诚和拥护。班集体主要通过良好的班风和班级文化来凝聚人，其凝聚力体现在学生能够形成很强的集体主义观念。学生会主要通过和谐健康、积极向上的文化氛围和学生自我管理的有效实现凝聚人，其凝聚力体现在学生对学生会组织活动的认可度与参与度上。

（4）具有较强的先进性

与其他组织不同，正式群体在选拔、考核、晋升学生干部时都把学习成绩、工作能力，以及生活作风、学习作风作为一个必要条件，学生干部的选拔、培养是一种先进模式。这使得正式群体成为优秀学生会聚的组织团体。

（二）大学生正式群体的管理与引导

1. 以思想建设为核心，加强正式群体的先进性建设

加强正式群体思想建设的具体实施方法可以包括以下几点：一是通过理论学习增强正式群体的先进性。党团组织要定期开展政治理论学习，班级要通过班会等形式定期宣传党和国家的重大时事和政策，学生会组织要通过定期组织讲座、培训增强学生会干部的政治敏感度和政治鉴别力。二是通过制度建设保障正式群体的先进性。在加强正式群体思想建设的过程中，高等院校的教育管理工作者要强化全程监督和效果反馈，以保证思想建设目标的实现。要建立健全管理制度，如班级管理制度、学生会管理制度，财务管理制度、物品管理制度等，规范正式群体学生的基本行为规范和管理的各个基本环节；要建立健全制度运行机制，将正式群体的发展纳入学校教育管理的环节之中；建立健全正式群体的竞争和激励机制。

2. 以学生自我教育为重点，充分发挥正式群体的朋辈效应

"朋辈效应"是指具有相同背景，或是由于某种原因具有共同语言的人在一起分享信息、观念或行为技能，以实现教育目标的教育方法。朋辈之间鸿沟小，防御性低，共通性大，互助性高，具有先天的优势。由于正式群体中的核心成员大多是学生中的优秀分子，这为朋辈教育活动的开展奠定了坚实的基础。一是重视正式群体中学生骨干人才的培养，强化典型示范作用。学生骨干在正式群体的管理中扮演着重要角色。他们处于大学生管理教育的第一线，是开展各种学生活动的策划者、组织者、实施者和参与者。学生骨干一般具有良好的群众基础，发挥着先锋模范作用能够感染同学。高等院校教育管理工作者要善于发挥骨干群体的示范作用，积极创造与同学交流的机会。二是依托互助小组等组织形式，搭建朋辈之间的交流互助平台。大学生处于同一个年龄段，彼此之间有更多的共同语言，容易实现良好的沟通和互动。通过在班集体中设立学生心灵使者、贷款联络员等形式，搭建朋辈之间相互影响、彼此帮扶的桥梁，并以此为依托提升群体成员自我认识、自我监督和自我评价的能力。

3. 以活动创新为导向，增强正式群体的生机活力

保持大学生正式群体的生机与活力是其持续发展的前提。开展形式多样、内容丰富的

创新性活动能够在激发学生学习和生活热情的同时，增强正式群体的生机与活力。一是创新组织管理模式。注重激发学生的主体意识，培养学生的综合素质能力，引导学生改变以往依赖指导教师组织开展活动的方式，鼓励学生根据专业特征和兴趣，自主选择、创新活动内容和活动形式。将传统"自上而下"的强行推进，变为"自下而上"的共同推进，充分发挥学生的积极性和创造力。二是创新活动内容。开展活动是正式群体的主要行为方式之一，活动内容的创新，有助于改善活动质量，实现活动目标。在开展活动的过程中，既传承经典又紧扣时代主题，选择新形势下的新内容是活动内容创新的重要方向。三是创新活动形式。高等院校教育管理者要始终坚持理论联系实际的原则，有意识地引导学生改变以往较为枯燥的带有强制性、约束性等特征的活动形式。通过加强学习、广泛调研等方式积极探索、借鉴新型的活动组织形式，增强活动的新颖性，增加对学生的吸引力和感染力。

第三节　大学生安全和资助管理

一、大学生安全管理

（一）大学生安全管理概述

1. 大学生安全管理的内涵

（1）大学生安全管理的含义

大学生安全管理是指管理者根据社会的要求，针对大学生群体特点，有计划、有组织、有目的地对大学生实施安全教育及管理，妥善处理各类安全事故，以保障高等院校稳定和大学生安全，最终达到引导大学生全面健康成长的目的。大学生安全管理已由以往单纯地强调校园安全管理向以建立教育、管理和事故处理一体化的服务体系转变，逐步成为以培育安全理念，提高安全素养，增强安全技能，促进大学生的全面健康发展为目的的安全管理活动。

（2）大学生安全管理的特点

与其他安全管理相比，大学生安全管理有以下三个方面的特点。

①青年性：大学生安全管理的对象是大学生。因此，大学生安全管理是针对大学生特点的安全管理。当代大学生思想活跃，独立性强，有创新精神，对周围的事物，特别是新

鲜的事物和知识反应迅速。同时也应看到，大学生普遍存在着安全意识淡薄、社会经验不足、防范能力较差等特点。大学生安全管理更加注重通过对大学生在校期间的日常学习、工作和生活的教育及管理，培养大学生正确的安全意识和良好的安全行为，在发挥大学生自身优点和长处的同时，帮助和引导大学生养成良好的安全行为习惯。大学生安全管理的青年性特征也体现在大学生安全管理的内容、形式、方法和途径，随着大学生在不同时代、不同时期的特点而不断地创新和发展。

②群体性：大学生安全管理是对大学生学校生活这个特殊的群体性生活环境的管理，是对大学生这一同质性群体的管理，具有明显的群体性特征。通过加强对寝室、教室、实验室、图书馆等涉及学校生活各方面的常规安全管理，保障大学生在校期间的人身财产安全，维护学校正常的教学和生活秩序，有效地排除其他社会生活环境中的不良因素对大学生学校生活的干扰，为大学生创造一个良好的学校生活环境。

③教育性：大学生安全管理在对大学生学校生活进行常规安全管理的同时，也在对大学生进行着安全方面的常能训练。少数大学生疏于日常生活安全，缺乏基本的安全常识和技能，这给大学生学校生活以及其他社会生活带来很多隐患，不利于大学生健康成长。管理本身也是一种教育，大学生安全管理是大学生积累日常生活经验的重要途径，是对大学生进行常能训练的重要内容。大学生安全管理要充分发挥其育人功能，以促进大学生的全面健康成长。

2. 大学生安全管理的意义

大学生安全管理对大学生、高等院校和社会都有十分重要的意义。做好大学生安全管理工作，关系到大学生自身的发展，关系到新时期高等院校的改革和发展，关系到社会的安定与和谐。

（1）大学生安全管理有利于大学生自身安全素质的提高

安全素质是人们完成某种任务所必需的基本条件和能力。良好的安全素质既包括掌握基本的安全知识和安全技能，又包括在安全知识和安全技能基础上建立起来的安全意识和安全观念。大学生安全管理是提高大学生自身安全素质的有效途径。大学生安全管理是对大学生在校生活的管理，与大学生学习、生活紧密相连。通过各种管理活动对大学生开展安全教育和管理，有意识地培养良好的安全行为规范，能够使大学生在参与活动中掌握相应的安全知识和技能，进而内化为自身的安全意识和观念，指导行为实践。

（2）大学生安全管理有利于新时期高等院校改革和发展

近年来，随着高等院校办学规模的不断扩大，招生人数的不断增多，多校区办学模式的形成，高等院校安全管理工作面临着更多挑战。相对开放式的校区如何有效地管理，学生住宿相对分散如何及时排查安全隐患，学生交通安全如何保障等安全问题需要大学生安全管理工作人员积极主动地做出反应。因此，作为高等院校安全工作的一项重要内容，大学生安全管理是随着高等院校改革和发展而不断发展的，已成为新时期高等院校改革和发展的重要内容之一。因此，只有正确地对待和处理好大学生安全管理问题，才能保障高等院校改革和发展的顺利进行，才能及时解决高等院校改革和发展中出现的大学生安全管理方面的新情况和新问题，才能形成合力，不断地提高服务学生的能力和水平，促进大学生健康成长。

（3）大学生安全管理有利于社会的安定与和谐

学校的健康发展和稳定对经济社会的稳定和发展有重要的影响。在当前加快改革开放，全面建成小康社会的形势下，学校安全工作显得更为重要。大学生安全管理作为高等院校安全工作的重要组成部分，承载着管理和育人的功能。加强大学生学校生活的管理，为大学生在校学习和生活提供一个良好的生活环境，有利于维护学校正常的教学生活秩序。对大学生安全事故的处理，特别是对涉及大学生的突发公共事件，如突发公共卫生事件、突发自然灾害等事件的应急管理和处理，有利于充分保障大学生的人身财产安全，有利于高等院校的稳定与发展，有利于社会的安定与和谐。

二、大学生安全管理的内容

（一）大学生安全管理的基本内容

大学生安全管理的基本内容主要包括大学生安全教育、大学生日常安全管理和大学生安全事故处理三方面。

1. 大学生安全教育

安全教育作为安全管理的基本内容之一，是事故预防与控制的重要手段。安全教育是通过各种形式的教育和培训，努力提高人们的安全意识和安全技能，使人们学会从安全的视角观察问题和审视问题，用所学到的安全技能去处理问题的教育活动。安全教育的内容非常广泛，一般而言，大学生安全教育包括安全知识教育和安全技能培训两个部分。安全知识教育包括法律法规的教育、安全常识教育、早期职业安全教育，以及心理健康教育。安全技能培训包括日常安全防范技能培训和早期职业安全技能培训两个部分。与系统的安全理论知识教育相比，安全技能培训针对性较强，注重实践教学环节，着眼于培养大学生的实际动手能力，它的主要目的是使大学生具备在某种特定的环境或条件下安全顺利地完成任务的能力。

（1）大学生安全常识教育

大学生安全常识教育主要包括防火、防盗、防抢、防骗、防滋扰、防食物中毒和防止网络犯罪等与大学生学习和生活联系紧密的安全知识教育，目的在于使学生掌握安全防范知识，树立安全防范意识。对突发公共事件的安全知识的教育和普及，是对大学生进行安全常识教育的重点内容。通过对大学生开展突发公共事件的安全教育，使大学生对突发公共事件有全面的认识，掌握在自然灾害、事故灾难、社会安全事故、公共卫生事件等突发公共事件发生时所能用到的预防、避险、自救、互救、减灾等公共安全知识和技能。对大学生开展全面、系统的安全常识教育，能够帮助大学生建立起科学的、实用性强的安全知识体系，有效地保护自身安全和公共安全。

（2）大学生早期职业安全教育也是大学生安全教育的重要内容之一

早期职业安全教育主要是开展与大学生所学专业相关的安全教育，教育内容是在大学生实验室安全教育和实习实践安全教育的基础上，更加注重对大学生走出校园、步入社会后，从事所学相关专业工作时，针对职业领域安全特点而进行的安全知识教育。早期职业安全教育体现着以人为本、终身教育的理念，更加关注大学生未来的安全。早期职业安全教育是提高大学生安全意识和安全素质的重要途径和手段。

（3）大学生心理健康教育是大学生安全教育的重要组成部分

大学生心理健康问题受多方面因素的影响。学校是大学生学习生活的主要场所，也是大学生产生心理问题的主要影响因素之一。从大学生的角度来看，学习压力的增大、生活环境的改变、就业和考研竞争的激烈等都会导致大学生出现心理安全问题。从学校的角度来说，教学方法不当、管理不严格、奖评不公等情况的发生也会给大学生心理带来不良的影响，使学生思想、行为异常，缺乏安全感。因此，在对大学生进行安全教育时，对大学生开展全面的、适时的心理健康教育显得尤为重要。心理健康教育主要包括应对挫折的心理教育、恋爱与性心理教育、人际交往的心理教育、正视学习的心理教育和如何应对环境和角色改变的心理健康教育以及遭遇突发事件时的心理健康教育。心理健康教育能够帮助大学生了解自身的心理健康状况，掌握调节心理状态的科学方法，指导自身行为实践，保护自身安全和合法权益。

2. 大学生日常安全管理

大学生日常安全管理是指对大学生在校期间的学习和生活过程中所涉及的安全问题进行的管理，主要包括人身安全管理、财产安全管理、消防安全管理、交通安全管理、社交安全管理、网络安全管理和卫生安全管理等。

（1）人身安全是大学生日常安全管理工作中最重要的安全问题

大学生在校期间，威胁大学生人身安全，容易对大学生构成人身伤害的因素主要来自三个方面：一是人为因素造成的不法侵害；二是因不可抗力造成的人身伤害，主要指自然灾害等；三是因意外事故造成的伤害等。在大学生日常安全管理工作中，主要从以上三个方面着手开展大学生安全管理工作，规范大学生日常行为，防止诸如滋扰事件、伤害事件、人身侵害事件的发生，做好安全事故的预防工作。同时，在大学生受到人身安全威胁时，做到及时对大学生进行帮助和处理，并如实向主管部门和领导汇报，以有效保护大学生人身安全。

（2）财产安全是大学生日常安全管理的一项基本工作

财产保护一般分为自力的保护和他力的保护。自力的保护是指通过自己的力量，依靠所具备的安全防范知识和技能，对自己所拥有的合法财产采取措施进行保护。他力的保护是指根据国家法律的规定，依靠国家执法机关实现对个人财产的保护。随着科技的普及，信息时代的到来，大学生中拥有手机、笔记本电脑的人数不断增多，在带来更好的交互性和可移动性的同时，校园手机、计算机丢失，特别是手提电脑被盗的现象明显增加。近年来，随着高等院校实行的校园一卡通制度，集图书卡、饭卡、超市购物卡功能于一体的校园卡的使用，以及高等院校为大学生统一办理的银行信用透支卡业务的普及，在为大学生带来便利的同时，因大学生自身保管不慎而丢失、被盗的现象也相应增多，往往给大学生带来不小的财产损失。因此，在财产安全管理过程中，应充分利用安全管理活动，开展宣传和教育活动，引导和培养大学生增强自身财产安全保护的意识和能力。同时，着力从加强校园治安秩序、宿舍安全、公共场所安全等方面防止诸如抢劫、盗窃、诈骗等危害大学生财产安全的事件发生，加大打击力度，保障学生财产安全。

（3）消防安全是高等院校安全工作的重中之重

任何部门和个人都有预防火灾、维护消防安全的义务。校园是大学生活动的主要场所，保护大学生的人身和财产安全，在大学生安全管理工作中，必须做好校园安全防火工作。校园内的公共场所，诸如图书馆、教学楼、体育馆、食堂、实验室等的防火安全管理是大学生安全管理的重要场所。对这些校园公共场所的管理主要包括建立健全规章制度和硬件配套措施，实行定期检查、报告和评估制度，重点检查消防设施、指示标识、应急照明、安全出口、疏散通道是否符合国家有关标准，做到严防火灾的发生。在防火工作中，对大学生集中住宿的公寓、宿舍楼进行安全排查和管理是大学生安全管理的重中之重。在管理中，必须坚决制止违章用电、用火等行为，在教育的基础上，对违反消防安全规定的行为进行严肃处理。

（二） 大学生安全管理的重点工作

高等院校学生安全教育及管理，应以预防为主。在对各类安全事故的预防工作中尤其要防范涉及教育系统突发公共事件的发生。因此，对校园突发公共事件的预防与控制是大学生安全管理的重点工作。

当前，影响大学生安全的突发公共事件主要分为以下几类。

1. 社会安全类事件

包括各种非法集会、游行、集体罢餐、罢课、聚众闹事等群体性事件，以及各类邪教活动、各类恐怖袭击事件等可能影响校园稳定和大学生安全的事件。

2. 公共卫生类事件

包括学校所在地区或学校内部发生、造成或者可能造成大学生健康严重损害的突发性公共卫生事件，主要包括食物中毒、预防接种、服药造成的不良反应或心因性反应、传染性疾病以及其他突发公共卫生事件。

3. 自然灾害类事件

包括在我国发生的水旱灾害，台风、冰雹、暴雪、沙尘暴等气象灾害，火山、地震灾害，山体崩塌、滑坡、泥石流等地质灾害，风暴潮、海啸等海洋灾害和森林草原火灾等。

为建立和健全防范、指挥、处置各类突发公共事件的工作机制，进一步提高教育系统应对各类突发公共事件的能力，保障学校师生员工生命和财产安全，维护学校正常的教育教学秩序和社会稳定，教育部制定了有关应急预案，对于应急处置的主要原则、工作设置、主要职责、事件等级分类、相应措施以及应急保障和善后处理等做出了明确的规定。

参与处理有关突发事件，维护好校园安全和稳定是高等院校辅导员的主要工作职责之一。因此，做好教育系统突发公共事件的预防和控制工作，必须认真贯彻落实相关法律法规和有关规定，坚持"安全第一，预防为主，综合治理"的方针，以保障大学生生命财产安全为根本，以落实各类应急预案为基础，以提高预防和控制突发公共事件能力为重点，增强广大学生公共安全意识和防灾避险的能力，提高应急处置工作水平。通过全面加强应急管理工作，最大限度地降低突发公共事件发生的概率及其造成的人员伤亡和危害，维护高等院校的稳定和大学生的安全。首先，对各类突发公共事件风险隐患进行全面的摸底排查，尤其是在容易引发重大突发事件的特殊时期和阶段。主要途径是深入学生当中，了解和掌握他们的思想状况，掌握第一手的思想动态信息，针对大学生关心的热点和焦点问题，及时进行教育和引导。同时，深入宿舍、教室、实验室、食堂、图书馆等大学生相对集中的公共活动场所，彻底排查公共安全隐患，以达到预防和控制的目的。其次，对大学生开展有针对性的公共安全知识和应急防护知识的教育与普及活动。通过课堂教学和课外实践活动，充分利用丰富多彩的校园文化活动，组织开展公共安全知识竞赛、公共安全活动月、公共安全讨论交流会和安全文艺演出、演讲比赛等形式，对大学生深入宣传学校各类应急预案，全面普及预防、避险、自救、互救、减灾等公共安全知识和技能。最后，加强日常安全管理工作，有效预防突发公共事件的发生。加强对大学生人身安全、财产安全、网络安全、卫生安全、社交安全、消防安全等方面的日常管理，维护正常的校园公共安全秩序，有效地预防和控制校园突发公共事件的发生。

三、大学生安全管理的原则与实施策略

（一）大学生安全管理的原则

大学生安全管理的原则是在大学生安全管理工作的实践中形成的，体现了大学生安全管理的客观规律，是大学生安全管理必须遵循的准则。大学生安全管理工作遵循的主要原则有保护学生原则、教育先行原则、明确责任原则和教管结合原则。

1. 保护学生原则

保护学生原则是指在大学生安全管理工作中，以大学生为主体，基于大学生生活、学习和成长的需要，针对大学生的知识结构和年龄特点，开展安全教育和管理活动，保障大学生的人身安全和财产安全，促进大学生的健康成长。保护学生原则充分体现了高等院校以人为本的办学和管理理念。对大学生安全的保护要靠管理，这种安全管理不是消极、被动的管理，不是为了管理而管理、出了事故才管理，而是积极、主动的管理，是充分了解学生安全需要、针对大学生群体特点的管理。因此，贯彻保护学生原则，应注重研究群体与群体之间、群体与个体之间、个体与个体之间的关系问题。贯彻保护学生原则，应把个体教育与群体管理结合起来。在重视个体的主体地位，突出大学生安全管理对个体的教育职能的同时，注重对群体的管理职能发挥，并将两者有机地结合起来。同时，还要充分发挥和调动大学生的主体性，使大学生切身体验到大学生安全管理工作对自身发展的重要性，把外在的教育转化为大学生自身的个人安全意识，组织他们积极参加各种安全教育活动，实现自我教育和自我管理，并最终转化为自己良好的行为习惯。

2. 教育先行原则

教育先行原则就是在大学生安全管理中，注重发挥安全教育的预防作用，通过课堂教

学和课外实习实践，利用各种宣传、教育活动，使大学生掌握安全知识和安全技能，明确安全管理的重要性，理解安全防范的重要意义，自觉地参与到安全教育和管理活动中来。大学生安全管理工作要以预防为主，而做到预防为主，就必须以教育为先导，通过安全教育，使大学生充分认识到预防工作的目的和意义，从而使得大学生认识到安全管理工作的重要性。在大学生安全管理工作中，认真贯彻落实教育先行原则，重视安全管理中的教育工作，使安全教育充分发挥其预防作用，帮助大学生树立正确的安全防范意识，掌握安全常识，具备安全防范技能。避免安全教育形式化、表面化，从预防为主的安全管理工作重心出发，来理解教育先行原则，高度重视大学生安全教育工作。教育先行原则还应重视对大学生安全技能的培训，克服单纯注重安全知识教育而忽视安全技能培训和实习实践的思想和倾向。

3. 明确责任原则

明确责任原则是指在大学生安全管理中，建立健全岗位责任制，完善大学生安全管理的队伍建设，实行责任追究制度。贯彻明确责任原则，有利于调动各方面的积极因素做好大学生安全管理工作，有利于大学生安全管理应急机制的建立，有利于建立健全规章制度，加强队伍建设，实现严格管理。贯彻明确责任原则，能够在大学生安全管理中实现自上而下的合力，由主管部门牵头，各有关职能部门分工协作，积极配合，明确各自的责任，具体组织实施安全教育和管理工作，使大学生安全管理工作制度化、法律化、长效化。贯彻明确责任原则，能够把责任与权力结合起来，既明确了责任，又充分重视了各安全职能部门的各负其责问题，做到责权分明。同时，建立责任评估体系，确立考核指标体系，运用测量和统计分析等先进的方法，对实际效果进行科学的评估。

4. 教管结合原则

教管结合原则就是在大学生安全管理工作中，把安全教育与安全管理两个基本内容有机地结合起来，在充分发挥教育与管理各自作用的同时，使二者互为条件，相互补充。在安全管理实践中，往往会出现安全教育与管理脱节的现象，贯彻教管结合原则，有利于开展以预防为主的大学生安全教育工作，有利于教育和管理资源的充分利用，使之有机地结合起来，有利于安全管理水平的不断提高。作为教育主体的安全教育和管理工作者，应不断提高自己的安全教育水平，提高安全管理的整体能力，以便更好地贯彻和落实教管结合原则。同时，注意教管结合的工作重心问题，根据不同的时间、不同的地点、不同的工作对象、不同的任务和内容来调整教育与管理的工作重心，做到相互结合，互为补充。

（二）大学生安全管理的实施策略

大学生安全管理是高等院校辅导员的重要工作内容之一。辅导员作为大学生安全管理工作的组织者、实施者，应从以下几个方面着手开展工作。

1. 以宿舍和公寓为重要阵地，做好大学生的安全管理工作

学生宿舍和公寓既是开展大学生思想政治教育的重要阵地，也是开展大学生安全管理的重要阵地。宿舍和公寓是大学生生活的主要场所，也是安全隐患和安全问题相对集中的场所，涉及大学生的人身安全、财产安全、用水用电安全、防火安全、网络安全等。为此，宿舍和公寓是开展大学生安全管理活动的重要场所。

以宿舍和公寓为重要阵地开展大学生安全管理工作，能够使安全管理工作更加贴近大学生的学习和生活，贴近大学生真实的安全需要，有利于以更为灵活的方式开展安全知识的教育和普及工作，有利于对存在的安全隐患及时加以处理，有利于引导大学生的思想和行为，促使大学生养成良好的学习和生活习惯。

以宿舍和公寓为重要阵地的大学生安全管理工作，涉及以下三个方面。

（1）深入寝室，关心学生生活，主动了解学生的安全需要

大学生安全管理工作中，从想学生之所想、急学生之所急入手，主动了解大学生的安全需要，而不是被动地提供安全教育和服务。了解大学生真实的安全需求，需要经常深入寝室，扎实开展教育和管理活动，从关心学生的吃、穿、住、用、行出发，与学生交朋友，融入学生集体生活，得到学生的认可和信赖，这样才能与学生交流和沟通，为他们解决现实学习和生活中遇到的安全问题，帮助他们及时解决安全方面的困惑。只有做到真正关心大学生生活，并且主动了解学生的安全需要，才能使学生切身感受到安全管理的重要性，主动参与安全管理活动。

（2）严格管理，仔细排查安全隐患

在主动了解大学生安全需要的同时，根据大学生反映的情况和问题，仔细排查宿舍和公寓存在的安全隐患，特别是关系到学生人身财产安全的隐患，如防火安全问题、用水用电安全问题、公共卫生安全问题等，做到发现一个解决一个，绝不麻痹大意。同时，加强对学生宿舍和公寓的安全管理，杜绝学生在宿舍和公寓出现的不安全行为，一经发现，根据相应的管理规章制度严肃处理，以达到教育的目的。

（3）强化大学生安全管理的思想政治教育功能

思想政治教育工作在帮助大学生树立正确的安全意识，提高大学生的安全素养方面起着重要的作用。在大学生安全管理过程中，充分发挥思想政治教育的功能，通过开展形式

多样的安全教育活动，引导大学生的思想和行为，如网络安全行为、交往行为、公共安全行为等，从学习和生活的各方面，引导大学生树立正确的安全意识和安全观念，建立集体安全责任感，从自身做起，自觉遵守安全规章制度，正确处理日常学习、工作和生活中遇到的问题，以有效地推进大学生安全管理工作顺利开展。

2. 以案例教育为重点，做好大学生的安全教育工作

对学生开展安全事故的案例教育是大学生安全教育工作的有效手段之一。发生在校园内的安全事故案例接近大学生的日常生活，以这些真实的案例开展安全教育，更具有说服力。在安全教育中，对典型的案例深入分析，弄清事故发生的原因、过程、形式、危害及其规律，能够把安全教育以真实的形态展现出来，往往会给教育者和受教育者留下深刻印记，使大学生真正了解在什么情境下会出现这种不安全的情况，出现这种不安全情况的原因，一旦发生类似的情况应该如何去面对和处理，如何运用日常所学到的安全知识和技能去解决问题，起到警示和教育作用。通过对安全事故案例的分析，能够使学生直观地认识和理解树立安全意识、具备安全知识和安全技能的重要性。

3. 以班级党团组织为依托，引导大学生自我安全教育和管理，实现自我服务

学生班级是学校工作的最基层，是学生的基本组织形式，是学生自我教育、自我管理、自我服务的主要组织载体。因此，大学生安全管理要充分发挥党团组织在教育、团结和联系学生方面的优势，注重依托班级、社团等组织形式，引导学生自我教育、自我管理、自我服务。对大学生进行安全教育，实施安全管理，实质上是在努力引导大学生树立安全意识，实现自我教育、自我管理、自我关爱和自我服务。因此，大学生安全管理工作注重以班级和学生社团为依托，以充分发挥党支部、团支部、学生会组织的带头作用，为大学生创造和搭建良好的活动空间和平台，使其主动参与安全管理工作。大学生的自我安全管理，是高等院校大学生安全管理工作的一个重要组成部分，是完善大学生安全管理工作的有效途径。

实现大学生自我安全服务，首先要引导大学生实现自我安全教育。大学生自我安全教育是大学生自我安全服务和管理的良好开始，它使大学生由受教育者、被管理者、受保护者的身份，转化为教育者与受教育者的统一体，能够真正做到从群体和自身的安全需求出发思考安全教育问题。大学生的自我安全教育更贴近大学生实际生活，更有说服力和感召力。通过适时的、有针对性的大学生自我教育活动，支持以班级和社团为单位开展安全教育活动，鼓励开展以安全教育为主题的文艺节目演出、安全知识竞赛、安全知识讨论、安全知识信息交流会等活动，以达到自我教育的目的。

在大学生自我安全教育和管理的基础上，引导大学生努力实现自我安全服务，有助于培养大学生的群体互助意识，培养团队精神，并善于及时发现身边的安全问题和隐患，实现互帮互助，互相交流。通过大学生的自我安全服务，能够加深大学生对安全管理工作的认同，形成人人参与服务、人人共创服务的局面。在大学生安全管理工作中，积极引导和支持大学生自我安全服务活动，充分调动学院、年级、班级及各党支部、团支部和学生会组织带头开展服务学校、服务学院、服务同学的安全服务活动。通过组建大学生安全服务队、大学生安全志愿者协会等大学生社团组织，并为其创造良好的活动空间，使其成为大学生安全管理工作的重要力量。

4. 树立服务学生的理念，妥善做好大学生安全事故的处理工作

强化服务意识，提升服务理念，时时刻刻帮助学生和服务学生是做好大学生安全事故处理工作的出发点和归宿。也只有树立服务学生的理念，才能使学生在发生事故、真正需要帮助的时候能够想到教师、信任学校，能够在第一时间通知相关负责人，而不是发生事故后因顾虑对安全事故责任的追究而谎报、瞒报，不敢告知，也不愿意告知，以致拖延时间，私自处理，造成更加严重的后果。这些都要求大学生安全事故处理工作做到以学生为本，关心他们的切身感受，关注他们的切身利益，真正树立服务理念，做好大学生安全事故的处理工作。

四、大学生资助管理

（一）大学生资助管理概述

1. 大学生资助管理的内涵及意义

（1）大学生资助管理的内涵

要加强对经济困难大学生的资助工作，以政府投入为主，多方筹措资金，不断完善资助政策和措施，形成以国家助学贷款为主体，包括助学奖学金、勤工助学基金、特殊困难补助和学费减免在内的助学体系，帮助经济困难大学生完成学业。大学生资助管理主要是指以国家教育方针和资助政策为依据，科学、合理地统筹、确定、落实、评估各项资助项目，在帮助家庭经济困难学生解决经济困难的基础上，注重发挥资助工作的育人功能，全面提升家庭经济困难学生的综合素质，实现资助与育人有效结合的育人体系。

（2）大学生资助管理的意义

新中国成立初期，我国就实行了"免费+助学金"制度。大学生资助管理是构建社会主义和谐社会的基本要求。当前，社会成员对高等教育的需求随经济增长而不断加大，但由于地区经济和家庭经济之间的差异，一些贫困地区和家庭经济困难的学生顺利入学、安心读书、全面发展的愿望受到了一定的阻碍，客观上影响了高等教育人才培养目标的实现，对和谐社会的建设进程势必造成一定影响。加强大学生资助管理是落实国家高等教育资助政策，建立健全高等院校家庭经济困难学生资助体系的有效保障，从实践层面解决了经济困难家庭的教育负担，有利于学生的全面成长，体现了党的教育方针和执政为民的宗旨，有利于推进社会主义和谐社会的进程。

大学生资助管理是促进教育公平和高等教育全面协调可持续发展的重要举措。收费并轨和扩大招生是高等教育适应社会经济发展需要而实施的两项重大改革。这些举措适应社会经济快速发展的需要，有利于提高国民素质。与此同时，也确实存在一些家庭经济困难学生，由于经济原因不能顺利接受高等教育，影响了教育公平。教育是民族振兴的基石，教育公平是社会公平的重要基础。大学生资助管理正是通过向家庭经济困难学生提供经济资助和能力培养，确保家庭经济困难学生享有同样的高等教育入学机会和接受高质量教育的机会，成为促进教育公平和高等教育协调持续发展的重要举措。

大学生资助管理是培养高素质人才的客观要求。我国在创新型国家的发展进程中，需要大量高素质的人才。但家庭经济困难学生因经济条件限制，正常学习和生活需求都无法得到满足，更无法谈及满足其发展需求，致使个人成长成才被客观条件所阻滞，个人潜能不能充分发挥。加强大学生资助管理，建立健全家庭经济困难学生资助体系，关心和帮助家庭经济困难学生接受高等教育，满足其学习、生活、发展的迫切需求，解除其后顾之忧，顺利完成学业，能为建设人力资源强国输送更多的人才，能够保障家庭经济困难学生通过高等教育，充分发展个人潜能，实现成才愿望，实现其自身价值和社会价值。因此，加强大学生资助管理是培养高素质人才的客观要求。

大学生资助管理是高等院校育人工作的重要内容。大学生资助工作曾被一部分人错误地认为只是对家庭经济困难学生实施经济救助，其工作重心仅在于解决家庭经济困难学生所面临的经济困难。因此，以往的大学生资助管理在人们心中被定格为组织实施物质层面的狭义资助。事实上，大学生资助管理是高等院校育人工作的重要内容，它以经济资助为载体，在帮助家庭经济困难学生解决经济困难的过程中，向学生传递国家对他们的关爱，激励大学生自立自强、积极向上，使他们的意志和能力在困难面前不断得到锤炼和升华。完善的大学生资助管理发挥着在物质上帮助学生、在精神上培养学生、能力上锻炼学生的作用，是高等院校育人工作的重要组成部分和重要内容。

2. 大学生资助管理的内容

大学生资助管理的主要任务是帮助家庭经济困难学生解决经济困难，同时加强学生综合素质培养，实现资助育人的目标。大学生资助管理的内容，主要包括资助资源的筹集及管理、家庭经济困难学生评定、资助项目的设计与实施、资助工作信息化建设和教育培养等五个方面内容。

（1）资助资源的筹集及管理

资助资源是指学校用于资助家庭经济困难学生的资金和物品。高等院校资助工作的一项最基本的任务就是对家庭经济条件困难的学生进行经济补助，因此，拥有充足的资助资源是进行大学生资助管理的前提和保障。高等院校用于家庭经济困难学生的资助资源主要来自四个方面，即国家投入、银行支持、学校投入和社会捐助。

（2）家庭经济困难学生评定

资助工作最基本的目标是实现公平，而实现公平的最基本前提是确保评定的准确。家庭经济困难学生评定工作是资助管理必须解决的首要问题。

（3）资助项目设计与实施

资助项目设计是指对国家、社会和学校所提供的资助资源进行有效整合，确定具体资助项目的条件、对象、额度等，为确保资助效益奠定良好基础。资助项目的科学设计是资助工作公平、有效的根本保证。随着国家资助力度的加大，高等院校用于家庭经济困难学生资助的资源越来越多。如何科学、合理地规划资助资源、设计资助项目，充分发挥资助资源的最大效益，既是高等院校学生资助管理的核心内容，也是商校资助工作面临的重要课题。

在实施资助项目时，要采用恰当的方式、程序，确定每个家庭经济困难学生应获得的资助项目类别、额度等，确保资助工作公平、高效。首先，统筹实施资助项目。一是要统筹规划资助项目。将所有项目有效整合，并定期公布学校的全部资助项目，集中申请、审批，以便学生合理选择和总体统筹，使有限的资源得到最优化的配置。二是实行额度封顶。学生所获资助款总额不应超过额度封顶值，避免资助款在少数困难学生中过分集中，使资助资源不能得到合理有效的配置。其次，个性化实施资助项目。依据学生特点及实际需求，给予学生相应的资助项目及额度，确保获得相应的资助，提高资助的效果及效率。最后，要完善资助项目的评定程序，以公平、公正、公开为主要原则，认真履行评审程序，严格执行评审条件，同时要切实做好宣讲、公示工作。

（4）资助工作信息化建设

学生资助工作涉及大量动态数据，业务量大且办理程序烦琐，尤其对各项工作的准确度要求很高。而科学、高效的信息管理、情报分析、业务操作是做好资助工作的重要保障。为此，构建大学生资助信息平台，通过信息化手段开展资助工作，是实现大学生资助管理的高效率和高效益的必然要求。

（5）家庭经济困难学生教育

资助工作在解决家庭经济困难学生实际问题时还担负着育人的责任。各学校要从解决学生的实际困难出发，结合国家实施新资助政策的契机，结合学校的思想政治教育工作，做到物质上帮助学生，精神上培育学生，能力上锻炼学生，发挥资助与育人的双重功效。在大学生资助管理中，资助育人是在学校育人的大背景下进行的，需要教育管理工作者找准经济困难学生面临的特殊问题、亟待解决的突出问题和影响学生成长成才的关键问题，有针对性地进行教育。

3. 大学生资助管理的原则

大学生资助管理的核心理念是"以人为本"，在操作层面可以具体化为确保公平、注重效率、崇尚尊重、资助育人。公平是大学生资助管理的根本要求。效率是评价资助管理的重要指标。尊重是对资助工作管理者与学生间关系的基本定位。

（1）确保公平的原则

确保公平是大学生资助管理的基本要求。教育公平是社会公平的重要基础。要把促进教育公平作为国家基本教育政策。建立健全家庭经济困难学生资助政策体系，就是通过在制度上确保家庭经济困难学生的就学问题，促进教育公平。因此大学生资助管理中要时刻以公平为基本原则。

资助管理中贯彻公平原则，重在把握四个环节。首先，在资助政策制定时，作为资助工作管理者，要时刻牢记和体现公平原则，确保政策制定的起点建立在充分了解和考虑所有学生的基础上，最好能让学生也参与到政策制定过程中，充分保证学生的发言权、知情权。其次，高度重视家庭经济困难学生的评定工作，让所有困难的学生都能进入资助范围，并根据实际情况对学生的困难程度进行分类，为有针对性地实施资助奠定基础。再次，在设计资助项目时，根据学生的不同需求，设立灵活多样的资助项目，划分不同的资助额度等级，保证项目能与学生的需求有效对接。最后，在实施资助过程中，时刻做到政策公开、信息公开、程序透明，并加强资助后的监督工作。

（2）注重效率的原则

效率是评价资助管理的重要标准。提供充足的经费、提高经费的使用效率，是教育资源分配的核心原则。社会经济和高等教育的发展，都特别重视投入资金的使用效率。这就使得有效地使用有限的教育资源成为各国高等教育财政，尤其是大学生资助政策中的一项不容忽视的指标。

资助是一种经济行为，是一种教育投资。一个国家在困难学生资助上的投入，除了解决学生的经济困难，还要获得更多的人力资源、促进国民经济发展。也就是说，资助工作也要考虑个人及社会的教育投资回报率。在我国，新资助政策体系的建立充分体现了效率原则，力图从制度上建立一个长期、规范、系统的资助政策体系，谋求解决家庭经济困难学生经济问题的治本之策、长远之计。

资助管理中，效率原则体现在四个方面。一是资助政策的针对性要科学设计针对不同学生的资助方案，避免出现资助强度偏大或偏小等情况。同时，科学规划、设计资助项目，努力达到不偏大不偏小的资助目标，避免资助资源的浪费。二是资助政策的激励性。在资助项目的设计和实施中不仅帮助学生解决经济困难问题，而且要激励学生努力学习，全面发展，提高人力资本投资收益。三是资助政策的持续性。设计资助政策时要尽量保证持续和稳定，这要求项目本身有持续的资金来源，同时符合学生的长期需求。四是资助实施的高效性。资助工作任务重、要求高。高等院校要积极整合管理资源，加强机构建设，理顺工作机制，运用信息手段，不断提高工作效率。

（3）崇尚尊重的原则

尊重是对资助工作管理者与资助对象间关系的基本定位。在以人为本的理念的指导下，资助管理工作要走出客体状态，成为主体，管理者与管理对象之间应是主体间性关系。这种关系的基本特征是平等尊重。

家庭经济困难学生是一个特殊的学生群体，他们更需要平等尊重。他们面临经济困难，有希望获得资助的需求。同时，他们也处在生理和心理发展关键期，有着追求平等和个性、追求知识的需要，资助政策应该能满足这种需要，而不是建立在破坏这种需要的基础之上。因此，要格外注意，在资助的同时不要伤害学生的自尊，这就要求在大学生资助管理工作中彻底践行尊重原则。

（4）资助育人的原则

资助育人是大学生资助管理的重要目标。首先，这是以人为本的理念在资助工作中的具体体现，以人为本的理念要求所有的教育工作时刻以学生的发展为根本目的。资助管理是学校教育管理中育人的重要方面，也必须以促进学生发展为最终目的。其次，家庭经济困难学生的实际情况，决定了资助育人的必要性和紧迫性。在我国，贫困人口主要体现为失业、下岗、待业等利益相对受损群体，这种状况在短期内是难以彻底扭转的。这就意味着我们的家庭经济困难学生将长期面临经济困难。长期处于贫困状态，会导致学生形成一套特定的文化体系、行为规范和价值观念体系，这些会阻碍学生的发展。因此，资助工作不仅要满足学生在校期间表面的物质需求，确保受教育机会均等，更要满足学生长远发展需求，帮助学生提高综合素质，确保学生能够靠自身力量彻底走出贫困。

（二）大学生勤工助学活动的管理

1. 大学生勤工助学管理的内涵和意义

大学生勤工助学，是指学生在学校的组织下利用课余时间，通过自己的劳动取得合法报酬，用于改善学习和生活条件的社会实践活动。勤工助学是学校学生资助工作的重要组成部分，是提高学生综合素质和资助家庭经济困难学生的有效途径。加强大学生勤工助学管理是实现资助家庭经济困难学生的重要途径。作为大学生资助管理的一部分，大学生勤工助学管理的工作目标也离不开对家庭经济困难学生的资助与教育。在高等院校经济困难学生资助体系中，勤工助学起着重要的主导作用，与直接为学生发放补助相比，勤工助学鼓励家庭经济困难学生通过劳动付出获取工资报酬，降低了资助带给学生的精神负担和舆论压力，是帮助家庭经济困难学生减轻经济负担的重要途径。

2. 大学生勤工助学管理的内容

（1）勤工助学岗位开发

勤工助学岗位可以分为固定岗位和临时岗位。固定岗位是指持续一个学期以上的长期性岗位和寒暑假期间的连续性岗位。临时岗位是指不具有长期性，通过一次或几次勤工助学活动即完成任务的工作岗位。本着立足校园、服务社会的原则不断开辟勤工助学岗位，满足学生对勤工助学岗位的需求。

（2）勤工助学岗位管理

勤工助学岗位管理主要包括以下三个方面内容。

①统一管理勤工助学岗位：勤工助学活动应由学校统一组织和管理，这是保证勤工助学活动健康开展的前提条件。勤工助学活动不能影响学校正常教学秩序和学生正常学习。为此，有意愿开展勤工助学活动的单位或个人，要到学校学生资助管理机构申请登记，经学校学生资助管理机构批准后方可招聘学生进行勤工助学活动。

②合理分配勤工助学岗位：勤工助学岗位分配是勤工助学管理的重要环节，勤工助学岗位分配公平与否直接影响着资助公平能否实现。因此，要科学合理地分配勤工助学岗位，应坚持信息公开、扶贫优先和竞争上岗的原则。勤工助学岗位分配一般包括以下环节。第一，对申请勤工助学学生基本信息进行整理、分类，形成勤工助学学生信息库。第二，对学生进行岗前培训，使学生了解和掌握勤工助学的基本常识。第三，结合不同年级、不同专

业的学生特点和学生特长，对学生进行初步分配。第四，对分配到岗的学生进行试用，试用期考核合格的学生，与用工单位签订协议书；考核不合格的，等待重新分配。

③实现勤工助学岗位流动：勤工助学是最受学生欢迎的资助方式，而高等院校勤工助学岗位毕竟是有限的，往往供不应求。在勤工助学管理中，要定期对岗位进行核定，实行岗位轮换。实现岗位流动可以缓解岗位不足的问题，保证更多的人参与到勤工助学活动中。

（3）勤工助学学生管理

学生既是勤工助学活动的主体，也是勤工助学管理的主要对象。在勤工助学管理中要加强对学生的教育、管理，使学生在勤工助学活动中得到充分的锻炼和培养，充分发挥勤工助学资助和育人的双重作用。勤工助学学生管理主要包括岗位培训、安全保障、教育管理和薪酬管理等四方面内容。

①岗位培训：培训是提高勤工助学学生综合素质的重要手段，是实现勤工助学资助育人功能的重要环节。勤工助学培训包括岗前培训和在职培训，贯穿着从学生申请勤工助学岗位到学生从事勤工助学活动的整个过程。岗位培训的内容主要有三个方面：一是勤工助学常识，使学生了解勤工助学基本业务流程，勤工助学活动中常见问题及解决途径；二是勤工助学工作需要的基本技能，包括着装礼仪、人际交往、办公软件等，使学生掌握工作技能，尽快适应工作；三是法律法规，使学生了解在勤工助学过程中应有的权益，常见权益纠纷及解决途径，使学生学法、懂法、依法做事。

②安全保障：由于大学生涉世不深、阅历不足，在组织大学生参与勤工助学活动时，要严格管理，加强对学生进行安全教育，保障学生在勤工助学活动中的安全和权益。

③教育管理：勤工助学是社会实践的重要内容之一，要充分发挥好勤工助学的育人作用，开展思想政治教育，使大学生在勤工助学活动中受教育、长才干、做贡献，增强社会责任感。学校要加强对勤工助学学生的思想政治教育，帮助学生树立自立自强的精神，勤俭节约的意识；引导学生拓展知识面，发挥其最大潜能，提高综合素质；培养学生的诚信意识和责任心，鼓励学生的诚信行为，培养学生的社会责任感。

④薪酬管理：薪酬是对勤工助学学生付出劳动的回报，对缓解其经济困难有重要作用；同时薪酬是对学生工作行为、工作态度和绩效评价的具体体现，具有激励效果。因此，薪酬管理中应本着公平、公正、公开和按劳分配的原则，既确保经济困难学生的经济需要，又体现一定的激励作用。同时，对勤工助学个人及团体工作进行全方位的评估，形成考核等级，对于在工作中表现突出，能出色完成任务的学生进行表彰，对表现不好的学生进行批评教育。

◆ 第三章　高等院校教学管理及队伍建设

第一节　高校专业、课程建设与管理

一、专业建设研究与进展

（一）专业、学科的概念与内涵

1. 专业的概念与内涵

专业是高等院校培养人才的基本单位，它能够通过专门教育和训练，促进学生获得较高的专门知识与能力，以便为社会提供专业而有效的服务。专业是按照社会对不同领域和岗位的专门人才的需要而设置的。学科知识是构成专业的原料，不同领域的专门人才需要什么样的知识结构，专业就通过对相关的学科知识进行切块、组织来形成课程及一定的课程组合的方式来满足。专业以学科为依托，有时某个专业需要若干个学科支撑，有时某个学科又下设若干个专业。一个专业是由适用于其需要的若干学科中的部分内容构成，而不是由若干学科中的所有内容构成。

2. 学科的概念与内涵

学科从学术分类和教学分类两个方面有不同的解释。

（1）学术分类方面

学科是指一定科学领域或一门科学的分支，如物理学、生物学、教育学等。

（2）教学分类方面

学科是学校教学内容的基本单位，指为培养人才而设立的教学科目。通常意义上所讲的学科是指高等院校或科研机构为培养高级人才而设立的教学科目。大学是传授高深学问的场所，而各种不同的"学问"则以学科的形式出现，学科理所当然地成为承担大学职能的基本单元。大学学科是以知识分类为基础，以高深专门知识为学术活动的对象，承担着大学职能的基本单元。

（二）学科建设与专业建设

1. 学科建设和专业建设的内容

①学科建设的构成要素主要有学科带头人、学科梯队、科研课题、研究仪器设备、学科建设管理人员等；学科建设主要是学术梯队建设、研究设施建设、确定研究方向、争取研究项目，形成科学、合理的学科管理制度等，目标是取得更高水平的研究成果。

②专业建设的构成要素主要有教师、课程、教材、实验与教学管理人员等。专业建设主要是专业培养目标与培养方案的制定、专业教学手段与教学方法的改进、人才培养模式的改革、课程开发、教材建设、实验室与实习基地建设等。高等院校专业的划分是以学科分类为基础，与社会职业分工相适应的。

2. 学科建设和专业建设的关系

高等院校进行学科建设必须搞清楚学科建设与专业建设的关系。原因之一是历来非研究型大学不重视学科建设，或对学科建设认识不清；原因之二是这些院校大部分学科的科学研究基础非常薄弱；原因之三是学科建设与专业建设关系问题在实践中凸显出来的时间不长。学科的划分遵循知识体系自身的逻辑，学科是相对稳定的知识体系。

学科建设是对相关学科点和学科体系的科学规划和重点建设，从而形成和提升人才培养与科学研究的综合实力。学科建设与专业建设密不可分，学科建设是基础，学科建设的成果可以作为专业建设的原料，但也可以有非专业建设的用途，可以直接为当地生产建设所用；专业建设是成果，中间通过课程这一桥梁来连接。市场对人才规格要求的变化引起专业的调整，也是促进学科建设的动力之一。

二、课程建设与管理

课程是最基本的教学元素，是学生接触最直接、受益最全面的教学单元。通过课程的学习，学生不仅获得知识和技能，还会形成特定的人格。课程的质量直接影响着人才培养的质量。在专业建设、师资队伍建设、实验室建设和课程建设等教学基本建设中，课程建设处于核心地位。课程建设作为高等院校教学建设中的基础性建设，是一个动态的、系统的管理过程，包括教学大纲、教学方案、教材及教学条件等完成传授知识的载体与条件，教学文件、教学环节、教学管理状态等完成传授知识的教学工作状态，以及师资队伍等知识的传授者。高等院校的课程建设可概括为：以师资队伍建设为中心，以教学材料建设为依据，以教学设备建设为保证，以改革教学体系和内容为关键，以教学方法和教学管理科学化为手段，以全面提高教学质量为目的的一项系统工程。课程建设的任务是根据现有条件和课程现状，逐步完善课程的各相关要素，强化知识传授和能力培养系统。课程建设将相应地促进师资、教材、条件、管理、手段和方法的改革。

作为学校教学建设的核心内容，课程建设目标的实现主要体现在能否建设一支高水平的师资队伍，能否培育出高素质的创新型人才，能否创造出高水平的教学和科研成果，以及是否有与课程建设相配套的高效、科学的教学管理体制和激励机制等。课程建设的质量高低对于建立学生合理的知识结构、能力结构和创新精神具有十分重要的意义。

（一）"精品课程"建设与管理

精品课程建设在推动优质课程和资源建设，实现优质教学资源共享，促进高等教育协调发展，特别是全面推动教学内容信息化建设等方面发挥了积极的作用。精品课程带来的以提高教学质量为导向的激励机制，特别是把教育信息化作为提高教育质量的新手段，在调动教师教学改革的积极性和学生主动学习的积极性方面发挥了重要引领作用。

1. 精品课程的概念和教育理念

精品课程是具有特色和一流教学水平的优秀课程。精品课程应具有五个要素，即高等院校本科教育教学管理研究与进展具有一流教师队伍、一流教学内容、一流教学方法、一流教材、一流教学管理。精品课程通常具有"体现现代教育思想，符合科学性、先进性和教育教学的普遍规律，具有鲜明特色，恰当运用现代教学技术、方法与手段，使用一流教材，教学效果显著，具有示范和辐射推广作用"等特征。精品课程强调的是一种全新的教育理念，即以科学性、先进性、特色性、创新性、应用性、有效性和示范性为指导，树立精品课程建设可持续发展的观念。在课程整体水平提高的基础上，有计划地创建和培育精品课程。通过精品课程的示范效应，带动课程整体水平的提高，形成课程建设的良性循环。

2. 精品课程建设的作用

精品课程逐级评审和政策激励机制有利于调动地方和高等院校建设精品课程的积极性，建立各门类、各专业的校、省、国家三级精品课程体系；引导高等院校进行课程内容改革和建设，整合教学改革成果和优质教学资源，实现优质教学资源共享，促进学生自主学习，整体提升学校的教学水平。

（1）带动课程整体建设水平提高

通过在教学内容、教学方法和手段、教学梯队、教材建设、教学效果等方面的较大改善，全面带动我国高等院校的课程建设水平和教学质量提高。精品课程拓宽了学生的视野、专业面，培养了学生的创新能力。

（2）实现优质教学资源共享

实现课程的教学大纲、授课教案、习题、实践指导、参考文献目录、现场教学录像等课程资料全部上网，为广大教师和学生提供免费共享的优质教育资源。

（3）造就一批优质教育资源

通过精品课程的建设可以造就一批一流的师资队伍，建设一批一流的教学内容，产生一批一流的教学方法，出版一批一流的教材和创造一批一流的教学管理。

（4）推动新型教育教学改革实施

精品课程的建设为专业建设、人才培养模式的改革打开了方便之门，新型课程开发为人才培养模式改革的有效实施提供了有力的支撑和保障。

3．精品课程的建设重点

①以人才培养为唯一目标建设精品课程。按照相关教育法律、法规规定，本科教学要求学生系统地掌握本学科、本专业必需的基础理论、基本知识，掌握本专业必要的基本技能、方法和相关知识；具有从事本专业实际工作和研究的初步能力。可见教师的责任是人才培养，而课程是实现人才培养最有效、最直接的载体。课程是本科教育的主战场，精品课程是提高人才培养质量的试验田和先锋队。

课程建设要与学校的人才培养定位、人才培养模式相一致，相互支撑。不同的学校应该根据学校自身层次、特点等实际情况开展课程建设和精品课程建设。以人才培养质量为最终目标，遵循教育教学规律，在教学内容、教学方法、教学手段和教学效果方面深化课程建设和改革。同时加强师资、教材、资源、实验室、图书馆等方面的教学保障。

②将课程培训纳入高等院校师资培训。将精品课程建设和师资培养结合，促进教师专业发展。将教师课程培训纳入高等院校师资培训，形成制度。列支专项资金资助教师参加课程培训，加强兄弟院校之间的交流，提升教师的业务能力，强化更新教师人才培养的观念，提高教师授课积极性。以精品课程建设为抓手，培育一批优秀教学骨干队伍，逐步形成一支主讲教授负责的，结构合理、人员稳定、教学水平高、教学效果好的教师梯队。

③加强网络平台资源的建设，实现资源共享。由于重点大学和一般院校、系部高等院校和西部高等院校发展的不平衡，导致高等教育发展失衡，进而影响经济的均衡发展，网络信息技术的发展为优质教学资源共享提供了可能，重点大学和经济发达地区的优质资源可以使全国高等院校的教师和学生受益。

网络环境下，高等院校教师既是资源使用者，又是资源建设者，应该实现资源互通有无，取长补短，共同建设，共同分享。建设有效共享的覆盖各级各类教育的国家数字化教学资源库和公共服务平台，无疑是对教学服务的最有效、最直接的方法。资源的有效性来自整合与流动，通过共享避免重复建设，突出特色，建设最优质、最有效率的教学资源。

④完善管理机制，提高教师课程建设与改革的积极性。高等院校应从管理机制上进行调整，一方面加大精品课建设的资助力度。在学校的津贴奖励方面给予大力倾斜，提高教师课程改革的积极性和动力，让教师能够全身心投入课程建设。另一方面加强课程建设的监督管理，对于建设效果不好，示范共享工作不到位的课程给予相应的惩罚。

⑤认真研究教学过程，精心进行教学设计。课程的课堂效果是人才培养质量的关键环节，如何使课堂达到最佳效果，值得认真研究。应该对教学的各个环节精心地研究，对教学过程进行系统的整体设计。

第一，明确课程的培养目标。如学生应该掌握哪些知识、培养何种能力、锻炼什么精神等。第二，对课程的教学模式设计。包括理论授课、实验（践）课程的课时分配和现行后续关系及课外讲座内容设计和辅导答疑安排等。第三，教学内容的设计。教学内容重点难点、先行后续关系、学时分配等。第四，教学方法的设计。根据不同课程的性质特点设计合适的教学方法，最大限度地调动学生学习的兴趣，使课程生动，具有吸引力。第五，学生学习方法的设计。教师采取各种方法努力讲好课的同时，还要让学生知道如何学。让学生充分利用课上课下时间，有目的地按照教师事先设计好的方向去学习。第六，对评价方法的设计。从系统的角度考虑，根据课程培养目标、教学方法、教学内容等建立协调一致的评价方法。第七，保障课程实施效果的过程性工作的设计。制订了课程的目标，设计了教学方法、学习方法和相应的评价方法之后，要想取得理想效果，必须加强过程管理，建立过程中主要环节的监督机制，实现目标管理和过程管理的有机结合。

（二）"精品资源共享课"建设与管理

1. 资源共享课建设背景

中国大学资源共享课建设是现代信息技术催生高等教育深刻变革的产物。中国大学资源共享课适应时代要求，把现代信息技术与教学活动紧密结合起来，提供全新的知识传播模式和学习方式，使个性化学习成为可能，使不同人群共享优质资源成为可能，使更多社会学习者接受优质高等教育，促进教育公平成为可能。

开展资源共享课的建设与共享是落实教育规划纲要的重要举措之一。适时推出新型的中国大学资源共享课在线教育，将在国际上进一步展示我国高等教育改革发展的成果，同时通过参与国际竞争促进高等教育质量提高，推动全球高等教育深刻变革。

2.面向未来，中国大学资源共享课五大推进计划

（1）继续高质量完成国家原精品课程的转型升级建设任务

继续开展国家、省、校三级原精品课程的转型升级工作，从中遴选建成3000余门优质课程，在"爱课程"网共享。

（2）探索和开发新型的资源共享课

组织专家研究、分析当今流行的MOOC（Massive Open Online Course，即大规模网络公开课程）模式，并结合我国国情和高等教育教学需求，结合课程自身属性，在运用现代信息技术丰富教学资源、教学方法、学习方式方面打造精品，探索建设多种新型的资源共享课，以满足不同教学需要和不同学习者的需求。

（3）大力推进中国大学资源共享课的共享与应用

对已上线课程持续更新，鼓励师生和社会学习者参与网上互动，推动上线课程在"爱课程"网的广泛共享和应用；推动共享课与校内课程教学相结合，在教育教学质量提升上见成效；对上线课程进行持续建设和深度开发，尤其是拓展资源，逐步形成系统完整、资源丰富、体验感强的数字化课程。

（4）不断完善课程共享系统

在现有建设成果的基础上，深入研究国内外先进课程平台技术，搭建国家层面高水平网络教育技术平台，加快网上开放课程资源建设，充分利用资源共享课已有的丰富教学资源，为学习者提供更多服务。

（5）积极探索建立在线教育管理制度

要加强制度设计，研究制定适应学习者个性化学习需求的网上在线教育学籍、学习证书、学分、学位等管理办法和政策，为学习者提供良好的制度环境和政策保障。

3.精品资源共享课建设要求

（1）定位特色

中国大学视频公开课是以高等院校学生为主要服务对象，同时面向社会学习者免费开放的科学、文化素质教育网络视频课程与学术讲座，是知识普及类课程。

中国大学资源共享课与视频公开课的定位有所不同，是以面广量大的高等院校公共基础课、专业基础课和专业核心课为重点，以高等院校教师和学生为服务主体，同时面向社会学习者，提供运用现代信息技术加工处理后的高等院校内部教学核心资源，不仅有课程的全程教学录像，还包括高等院校教学活动所必需的各种基本资源，构建适合在校生及社会学习者进行在线学习和交流的网络学习环境，是体现先进教学观念、教学方法、师生在线互动交流、学生自主学习的课程。即中国大学资源共享课是教学互动性很强的学科专业类课程，中国大学视频公开课是知识普及类课程。

（2）建设要求

①申报课程必须在学校连续开设 3 年以上，在长期教学实践中形成了独特的风格，教学的理念先进、方法科学、质量高、效果好，得到广大学生、同行教师、专家及社会学习者、行业企业专家的好评和认可，在同类课程中具有一定的影响力和较强的示范性。②团队要求：国家级精品资源共享课应该由学术造诣深厚、教学经验丰富、教学特色鲜明、具有高级专业技术职务的教师主持建设，建设团队结构合理，应包括专业教师和教育技术骨干。高等职业教育精品资源共享课中的专业课建设团队还应该体现专兼结合的"双师型"教学团队特点。③内容要求：课程内容能够涵盖课程相应领域的基本知识、基本概念、基本原理、基本方法、基本技能、典型案例、综合应用、前沿专题、热点问题等内容，具有基础性、科学性、系统性、先进性、适应性和针对性等特征，严格遵守国家安全、保密和法律规定，适合网上公开使用。④资源要求：应结合实际教学需要，以服务课程教与学为重点，以课程资源的系统、完整为基本要求，以资源丰富、充分开放共享为基本目标，注重课程资源的适用性和易用性。基本资源：基本资源指能反映课程教学思想、教学内容、教学方法、教学过程的核心资源，包括课程介绍、教学大纲、教学日历、教案或演示文稿、重点难点指导、作业、参考资料目录和课程全程教学录像等反映教学活动所必需的资源。拓展资源：拓展资源指反映课程特点，应用于各教学与学习环节，支持课程教学和学习过程，较为成熟的多样性、交互性辅助资源。⑤技术要求：国家级精品资源共享课建设应符合《国家级精品资源共享课建设技术要求》。该《技术要求》将在教育部官方网站高等教育司主页"本科教学工程"栏目发布。网络教育课程还应符合网络教育的特殊要求。

第二节　高校教育质量监控管理体系

学校开展的各项教学活动是教学质量的一种动态体现，是学生在教师的引导下，系统学习科学文化基础知识和基本技能，确立科学的世界观、人生观和道德观，发展智力和体力，提高学生全面素质的过程。因此对整个教学过程实施质量监控，确保教学过程各个环节的有效运转，真正做到按教学自身发展的规律组织教学，运用科学的方法管理教学，调动全体师生在教与学当中的积极性、创造性，实现教学管理科学化、民主化、现代化是非常重要的。通过监控体系的建立与实施，不断提高高等院校的教育教学质量。

一、重构教学质量监控的过程管理体系

高等院校教学质量的主要影响因素分为硬件与软件两方面，硬件方面主要是教学设施条件，软件方面有生源质量、教师的教学水平、学生的学习水平、校风、教学管理水平等。其中教学质量管理在学校现有办学条件下起着非常重要的作用，其重点是对教学的全过程进行有效的教学质量监控。在新形势下，采取一系列措施再造与重构教学质量监控过程管理体系并付诸实践，对于全面提高教学质量起着关键的作用。

（一）指导思想与基本原则

1. 指导思想

坚持以教学质量为生命线和以学生为本的指导思想，重视教学各环节的教学质量，使教学质量监控与保障体系运行始终围绕高素质创新人才的培养。

2. 基本原则

（1）目标原则

教学质量监控与保障的目的是保证完成教学任务，实现培养目标。其任务就是发现偏离于计划目标的误差，并采取有效的措施纠正发生的偏差，从而确保教学任务与培养目标的实现。

（2）全员性原则

教学质量离不开全体师生员工的共同努力，人人都是质量监控与保障系统中的一员，其中学生是主体，教师是主导，系（部）、教研室是基础，职能部门是核心，院系领导是保证。

（3）系统性原则

教学质量涉及教师、学生、教学设施等多个方面，同时与办学定位、培养目标和管理等密切相关，是一个系统共同作用的结果。由院校、职能部门、系（部）、教研室和学生班级等构成的一个多层次、纵横交叉的网络，是一个完整的教学管理系统。

（4）全程性原则

教学质量主要是在教学实施过程中形成的，质量监控与保障系统应能对教学的全过程进行监控，要做到事先监控准备过程、事中监控实施过程、事后监控整改过程。

（二）目标与保障措施

1. 目标

构建教学监控与保障体系，重点是建立和完善科学、合理、易于操作的评估高等院校本科教育教学管理研究与进展指标体系和相应的奖惩制度。通过教学质量的动态管理，促进学院合理、高效地利用各种资源，保证教学工作的正常运行，全面提升学院教学质量。

2. 保障措施

（1）组织保障

确保教学质量保障与监控体系的正常运行，充分发挥全员性原则，建立校院两级组织机构，形成"专兼并举，主辅结合"的管理队伍，形成管理合力。

（2）制度保障

使各项教学管理工作制度化、科学化、规范化和现代化，保证教学工作有序进行与教学质量不断提高，系统地建立一套较为完整的管理规范体系，使整个教学活动有章可循、规范有序。

（3）经费保障

促进教学质量不断提高，在教学设施建设、专业建设、课程建设、师资队伍激励等方面按照建设与发展要求，给予经费支持。

（三）教学质量监控与保障体系的构成

教学质量监控与保障体系由教学质量决策、教学质量监控、教学质量实施、教学质量信息收集、教学质量信息反馈5个子系统组成。它是一个逐层向下监控、逐层向上负责的"责权合一"的质量管理系统。本科教学工作的组织、安排责任在学校及各相关学院，教学环节的设计与实施的责任在教师。

（四）教学质量监控与保障体系各子系统的功能

1. 教学质量决策系统

教学质量决策系统由主管教学校长负责的教育教学建设委员会组成。通过教育教学建设委员会等组织开展教学决策活动，负责对教学工作进行宏观指导与管理，审定各教学环节的质量标准，协助协调各院（系）、职能部门按照基地的发展定位、办学理念和人才培养目标，制订本科教育教学改革与发展规划和条件建设计划。

2. 教学质量监控系统

教学质量监控系统由学院（系）党政"一把手"负责的院级领导小组组成。通过制定一系列规章制度，激励广大教师开展教学工作，负责组织学院（系）教育教学建设委员会委员、教学督导专家、管理人员及学院（系）聘请的其他人员，对教学工作各个环节进行质量巡查，开展本科教学工作状态监控，实施质量评估。

3. 教学质量实施系统

教学质量实施系统由教学副院长（主任）负责的教学质量保证系统组成，负责落实学院（部、系）教学工作的中心地位、落实授课教师教学任务、推进教学内容与课程体系改革、做好专业、课程、教材、现代化教学手段建设等工作；配合学院（系）完成对各个教学环节教学工作的状态监控和质量评估。

4. 教学质量信息收集系统

由院（部、系）教学副院长（主任）负责的教学质量信息收集系统组成，包括教师评学、学生评教。通过各种方式广泛收集各级各类人员和学生对教师课堂教学效果的评价意见；对教风学风建设、教学改革的有关建议；对实践教学环节，尤其是对毕业论文（设计）的意见和建议等。汇总、处理各类意见和建议，及时反馈给相关学院、授课教师、学生班级和学生管理部门等。

5. 教学质量信息反馈系统

由院（部、系）教学副院长（主任）负责反馈教学状态及质量测评结果，信息及时到位，问题、责任到人，发现问题限期整改。对于通过教学检查、质量抽查或其他渠道获取的教学信息，通过文件、报告、简报或校内媒体等方式及时发布给有关教学单位和部门，要召开教学信息反馈会，敦促教学问题尽快解决。

（五）教学质量监控的主要环节及实施要点

1. 专业建设

专业建设的主要监控点为人才培养目标，人才培养方案的制订、执行与调整，专业办学水平与特色，课程体系建设等方面。

2. 课程建设

课程建设的质量监控主要从建设目标、实施计划、课程师资梯队、特色创建、改革成效等方面进行评价。

3. 教学大纲的实施

教学大纲是进行教学管理、教师组织教学的主要依据。对教学计划、教学大纲实施情况的监控主要从课程安排情况、教学计划落实情况、实验课开设情况、实践环节的落实情况、教学大纲编写、教材选用、学生考试情况等方面进行评价。

4. 课堂教学

课堂教学是教学质量的核心环节。主要从课前准备、教学过程、课外作业与辅导、成绩考评等方面实施监控，包括备课是否充分、教案是否完整、教材是否恰当；讲授是否清晰、概念是否准确、内容是否已更新、重点是否突出、是否启发思维、是否因材施教；课后作业与辅导是否到位；学生课程学习成绩考核是否科学、合理等。

5. 教材质量

对教材质量的监控主要从教材水平、使用效果等方面进行评价。

6. 实践教学

实践教学监控主要考核创新科研实验平台的内容与体系改革，实践计划、执行及效果。

7. 毕业设计（论文）

毕业设计（论文）监控主要从选题性质、难度、分量，开题、中期、答辩、综合训练度、指导教师资格与水平及精力投入，学生学习态度、实际能力、设计（论文）质量、规范度、基础理论与专业知识、学术水平等方面进行评价。

8. 教学效果

教学效果监控主要从讲授质量、教学方法运用、教学手段的使用，教书育人、因材施教、学生学习课程知识的情况，考核试题与评阅质量等方面进行过程监测和事后评价。

9. 教学改革

教学改革一方面着重于教学管理、教学内容与课程体系、人才培养模式、实践教学、文化素质教育等方面的改革成效；另一方面侧重于教学内容的改革、教学方法与手段的创新、多媒体课件的开发，争取教改项目的积极性、推出教研成果、编写并出版高质量的教材或教学参考书等方面。

二、高等院校教学督导队伍建设

(一) 构建健全的督导制度体系

1. 确定合理的督导模式

随着新一轮普通高等院校本科教学工作合格评估的开展，学校应以促进教学质量的提高为重心，以发现问题为前提，以改革教学环节为途径，重新定位教学督导工作，重构与本科教学合格评估相结合的校、院二级督导管理机构，在二级学院成立院级督导小组，教学督导工作重心下移，进一步强化各学院的自我质量监控功能，充分调动二级学院的积极性，发挥各学科专家在各自专业方面的优势，使督导工作更具有针对性与实效。

2. 健全教学督导体系

进一步明确督导人员的责、权、利，提高教学督导在质量监控体系中的地位和作用，强化其督导功能。

(二) 督导与服务相融合

"导"是教学工作的重点内容，"督"是为了更有效地"导"，以"督"为辅，以"导"为主，两者相融合才能使"导"具体到位，"督"得到延伸和落实。督导人员要通过对教师工作的"督"，了解和掌握其不足，帮助他们解决教学中出现的问题，改革教学方法与手段，提高教学技能；督导人员要挖掘教师的潜能，帮助他们总结经验，养成个性化的教学风格。同时，校院两级管理部门要定期组织召开督导工作会议，听取建议，梳理信息，解决督导中存在的问题，帮助督导人员提高工作效率与督导水平，以便更好地为教学工作服务。

(三) 构建"三督一体"督导内容体系

教学督导的内容包括督教、督学和督管三个主要环节。督教是对教学环节的监督检查，大部分地方高等院校较重视督教，而督学和督管工作未得到体现。督学是对学生学习活动过程的检查与指导，学生是体现学校教学质量的载体，是教学督导的重要对象。督学的内容包括学生"三观"、思想政治觉悟、学习自觉性等德智体多个方面；通过督学促进学生自我控制、自我管理，提高学生综合素质。督管是对教学管理人员的检查指导，一方面，学校要对教学管理人员的工作进行检查评议，保证教学管理部门最大限度地履行其教学管理职责；另一方面，学校要对教学管理人员进行系统的教学管理知识培训，提高教学管理素养和能力。可见，只有构建"三督一体"的督导内容体系，才能真正全面、高效地发挥教学督导的作用。

（四） 加强督导队伍的专业化建设

国外历来重视督导人员的整体素质，督导人员精通教育理论、教育管理与教学实践。建立一支专兼职相结合，专业、年龄结构合理，素质良好的督导队伍是高等教育教学改革与发展的需要，也是高等院校提高教学质量的必然要求。高等院校要加强督导队伍的专业化建设，加强督导队伍的专业结构优化，要求督导人员具有专业知识、专业技能和职业道德；建立有效的教学督导人员培训机制；明确其职责与职权；加强其理论与技术研究，提高督导工作水平。

综上所述，教学督导作为一项保证教学质量的有效手段，在教育决策的制定、教学管理的规范和教学质量的提升等方面发挥了积极的作用。高等院校的教学督导系统能否顺利构建及优质运行，关键取决于是否具备一支高素质的督导队伍。

三、普通高等院校本科教学评估对质量保障与监控的考察

（一） 本科教学工作水平评估考察要点

本科教学工作水平评估对质量监控的考察包括三个主要观测点，分别从教学规章制度的建设与执行、各主要教学环节的质量标准和教学质量监控三个方面进行考察，质量监控为重要指标。对质量监控考核的总权重为1，其中教学规章制度的建设与执行、各主要教学环节的质量标准的考核权重分别为0.3，各占总权重的30%，教学质量监控的考核权重为0.4，占总权重的40%。

（二） 教学规章制度的建设与执行考察要点

学校教学规章制度的建设和教学管理文件要完善，学校文件要体现先进的教学思想，积极采用先进的管理技术，采取措施确保各项规章制度的执行。

（三） 各主要教学环节的质量标准考察要点

学校要制定各个环节的质量标准，没有质量标准就无法评价各教学环节的质量，教学质量是多层面、多样化的。主要教学环节包括理论教学、实践教学（实验、实习、社会实

践、课程设计、毕业论文或毕业设计等）。质量标准是为达到目标、水平和要求而制定的规范性文件，应具有目的性、规范性、可操作性。质量标准要符合学校的定位、人才培养目标和规格。课程建设、专业建设也都应有相应的质量标准，教师的教学工作也应有相应的工作规范。考核时除要求提供一系列质量标准文件外，还要考核标准的执行情况。

（四）教学质量监控考察要点

建立自我完善、自我约束的教学质量（含实践教学）监控与保障体系是教学质量控制的重要保证。教学质量监控与保障体系包括六个环节，一是要确定目标，二是要建立各个教学环节的质量标准，三是信息与收集（包括统计、检测），四是评估（建立学校评估机制），五是信息的反馈（收集的信息要反馈），六是调控。这几个环节构成教学质量监控体系。

特别强调毕业设计（论文）环节的规章制度，包括毕业设计（论文）所要达到的教学目的、选题原则、指导教师的资格等，要体现不同专业特点的质量标准、评分标准、答辩成绩等。

考察内容：教学检查与评估的材料，教学督导、领导干部听课制度、听课记录，每年有关教学通报及处分决定等。

（五）本科教学工作合格评估考察要点

本科教学工作合格评估对质量管理的考察包括1个二级指标，2个主要观测点，分别从规章制度和质量控制两个方面进行考察，质量监控为重要指标。

1. 规章制度考察要点

规章制度重点考察教学管理文件的完备性，教学基本文件（教学计划、教学大纲、学期进程计划、教学日历、课程等）制定的科学性，教学管理流程的清晰性，教学运行的有序性，执行制度的严格性和有效性。

2. 质量控制考察要点

质量控制主要考察教学质量监控体系的六个环节：①培养目标的确定；②各个教学环节的质量标准的建立；③教学信息的收集；④学校自我评估制度的建立；⑤信息的反馈；⑥调控。重点考察教学质量监控的组织机构、队伍构成、监控措施，信息处理和反馈通道，考察中可以查阅教学检查原始资料及学校本科教学年度质量报告等。

（六）本科教学工作审核评估考察要点

1. 教学质量保障体系考察要点

教学质量保障体系包含四个审核要点，建设时应注重确定人才培养目标和质量标准，有相应人、财、物条件的保障，有组织保障机构，有效开展自我评估和质量监控，及时收集教学信息，及时反馈信息，调节改进工作。考察时第一关注学校是否建立了科学合理的各专业人才培养方案，是否建立了理论教学、实验教学、实习实训、毕业设计、考核等各主要教学环节的质量标准；第二关注学校是否有质量保障的组织机构，是否有满足要求的质量管理队伍；第三关注学校是否建立了完善的教学管理制度，并有效落实。

2. 质量监控考察要点

质量监控是质量保障体系最重要的内容之一，考察时要关注学校是否建立了完善的教学质量管理制度和教学质量监控机制，对主要教学环节的教学质量实施了有效监控；是否建立了一支高水平的教学督导队伍，对日常教学工作进行检查、监督和指导；是否建立了完善的评教、评学制度；是否定期围绕人才培养工作开展自我评估，包括课程评估、专业评估和学校二级学院（系）评估等，特别是教师和学生对教学工作的评价，注重学生学习效果和教学资源使用效率的评价，注重用人单位对人才培养质量的评价。让二级院系和每位教师知道制度，充分发挥制度的作用。建立激励机制以调动广大教师内在的教书育人的积极性才能提高质量，在规范制度建设与实施的基础上，重点关注激励制度的建设与实施。

3. 质量信息及利用考察要点

质量信息及利用包括三个考察要点：校内教学基本状态数据库建设情况，质量信息统计、分析、反馈机制，质量信息公开及年度质量报告。质量信息的统计、分析与反馈是质量保障体系有效运行的重要保证。该要素重点考察学校校内教学基本状态数据库的建立，教学状态信息定期更新情况；常态监控信息和自我评估信息的统计分析，分析结果反馈和工作改进情况。

4. 质量改进考察要点

质量改进包含两个考察要点：质量改进的途径与方法和质量改进的效果与评价。

质量改进是针对目前教学质量存在的主要问题、薄弱环节和未来可能出现的问题，采取有效的措施纠正与预防，实现持续改进质量的目的，质量改进是教学质量保障体系的重要环节。重点考察学校是否有负责质量监控的组织机构，推动改进工作；是否有经费和政策保障质量；是否有推进质量改进的途径和有效方法，使改进工作得以落实，使质量保障体系能够完整有效地运行，形成质量保障的长效机制。

第四章 以生为本理念下的高等院校学生教育管理发展路径

第一节 以生为本教育管理的时代内涵、价值特征及诉求

一、以生为本教育管理的时代内涵

（一）以生为本的含义

随着和谐社会建设的推进，以生为本、加强人文关怀和心理疏导，将是实现高等院校教育有效教学的重要教育理念。在高等院校学生教育管理工作中，坚持以生为本理念就是要以学生为本，就是要树立现代学生观，尊重学生的主体地位，促进学生的个性化发展，实现对学生的多样化评价。在实际工作中，坚持以生为本理念就是要尊重学生的主体性、差异性、丰富性、独特性，把学生当作有血有肉、有生命尊严、有思想感情的人；以学生成长成才为中心，真正尊重学生、理解学生、关心学生、引导学生。

（二）新时代以生为本教育管理的内涵

1. 尊重学生主体需求，促进学生成长成才

要区分不同类型、不同层次学生的特点和需求，分层次、分阶段进行深入细致的教育、管理和服务工作，建立帮助学生成长、解决学生困难、方便学生办事、维护学生权益的高等院校学生教育管理工作体系，让学生受到最好的教育。

为此，高等院校学生教育管理工作必须从学生的需求出发，把工作的需求与学生的成长成才需求紧密结合起来，把学生的当前需求与长远需求紧密结合起来，把学生个人的需求与群体的需求紧密结合起来，把学生表面的物质需求与深层次的精神需求紧密结合起来，努力培养德才兼备、品学兼优、知行合一的社会主义建设者和可靠接班人。

2. 一切为了学生，高度尊重学生

（1）重视学生的本体价值

在以生为本理念中，学生是学校生存和发展的根本，而"一切为了学生，为了学生的一切，为了一切学生"是推动学校各项工作改革的根本动力。学校的一切工作都是围绕学生开展的，学生有求知的现实需求，教育才会产生并逐渐发展为学校集中式的教育。所以，学生在教育管理工作中处于根本性的地位，只有将学生的需求作为一切工作的方向，才能更好地发展教育事业。

（2）肯定学生的个体价值

学校教育管理的服务对象是一个个独立存在的人，学生是具有自我意识和个人思想的生命个体，是独立于教师头脑之外，不以教师的意志为转移的客观存在，因此，不能脱离学生的个体性而空谈教育。学校必须肯定学生的个体价值，在教育管理工作中挖掘学生的潜能，为学生提供相应的发展平台，引导学生发挥主观能动性，促进学生的个性发展。

（3）顺应学生的天性，适应学生的独立性

学习是人类自身发展的需要，教师进行知识灌输所产生的减法思维和阻碍学生主动探索的割裂思维都不利于学生学习天性的保持。因此，应该尊重学生，让学生以顺应自然规律的方式促进自身的全面发展。

人的精神发展具有二重性：一是作为自然个体与生俱来的发展趋势；二是作为社会人适应社会的发展动机。在社会化进程中，学生的发展不可避免地会受到外界的影响，学生在发展过程中，总会被"指正"，总会被试图改变，使学生在不断的"指正"下不得不放弃自己的想法，从而抹杀了自己的独立性。

因此，在教育管理工作中，应充分尊重学生的天性，用适应学生个性化的引导代替"指正"，尊重学生的独立性，从而为学生的发展搭建更加广阔的舞台。

3. 体现学生的主体参与，实现学生的自主发展

体现学生的主体参与，实现学生的自主发展就是要充分发挥学生的主体作用，强调依靠学生，引导学生参与教育管理实践，使学生成为教育管理的主人。学生参与教育管理的主要平台有学生会、班委会、团支部、社团联合会等学生组织，可以通过学生干部定期换届等方式，努力让每个学生都有机会参与管理。在就业管理、安全管理、资助管理等工作中，也要充分调动学生的积极性，引导学生参与相关政策的制定和实施，真正实现教育管理依靠学生。

实行民主管理，尊重学生的主动性和首创性是人本理念的重要体现。因此，不仅要增

强管理者和学生的民主管理意识，更要完善民主选举、决策和监督等民主管理运行机制，畅通民主管理渠道。

二、以生为本教育管理的价值特征

高校在教育管理中坚持以生为本，具有对象特指性、本体终端性和践行校本性三个价值特征。

（一）对象特指性

在高等院校学生教育管理工作中，管理对象具有特殊性。各个时代的高等院校学生都具有自身的特点，现在的高等院校学生有以下特点。第一，自我意识不断增强。随着年龄的增长和知识水平的提高，高等院校学生自我意识的增强与其文化素养的提升成正比，他们"专注于独立思考和自我评价"。因此，高等院校进行教育管理不仅要认识到学生的整体特征，而且要注重学生个体的差异性。第二，特殊发展需求与特殊行为并存。现在的高等院校学生普遍存在沉稳性与突发性并存、自律性与他律性并存、独立性与依赖性并存、目的性与随意性并存的特点，而高等院校学生教育作为步入社会的职前教育，必须在多学科和专业的基础上，根据学校自身的人才培养目标来对以生为本教育管理理念进行具体运用。

（二）本体终端性

以生为本的一大特征就是真正认识和把握学生这个本体，把一切为了学生作为教育价值原则。学生在学校的教育管理活动中处于终端位置并占据着主体地位。教育管理工作的设计是为学生的学而设计的，而不是为教师自身的教而设计的，学校教育的本质要求和最终追求也都是为了学生的发展，并不是为了教而教。以生为本是治国方针在学校育人中的落实延伸。以生为本是以人为本在教育管理中的深化延展，培养出优秀的人才，是对"为什么办学，如何办学和为谁办学"最好的回答。

（三）践行校本性

以生为本并不是永不改变的理论，它是在尊重学生个体差异的前提下，根据学校教育管理的目标和专业特色而逐渐本土化、校本化、特色化的实践模式。要求高等院校学生教育管理者在教育管理中根据学生的具体情况，以多样化的观点，在多样的思维中引起学生的积极讨论与自觉探索。任何理论都要在经过本地特色吸收融合后才能展现其功能，以生为本理论也是如此。以生为本是需要最大限度地让学生拥有自主权的教育管理方式。在高等院校学生教育管理中，只有将生本理念结合学校的办学特色才能更好地为学生提供发展条件，促进学生的发展。

三、以生为本教育管理的诉求

学生是学校的主体。学校围绕学生的学习研究、日常生活所开展的教育管理工作类型繁多，具有复杂性、具体性和广泛性。学生教育管理工作的效率直接关系到学生素质的培养。在以生为本的管理理念的指导下，将学生的利益放在第一位是高等院校学生教育管理的主要诉求，要培养学生工作者良好的服务意识，采取精细化的工作方式，从而了解学生的实际需求和面对的具体问题，规范高等院校学生教育管理工作的办事流程，并以更加开阔的视野和与时俱进的观念做好学生教育管理工作，从而提升高等院校的学生服务效率，做好学生服务工作。

学校的发展一切以学生为中心，学生的利益是学校的根本利益，只有让学生的利益得到保护，才能培养出符合时代发展要求的人才。

（一）保证学生的利益是教育管理工作的核心

1. 以更高的标准顺应新时代高等院校发展的要求

高等院校作为培养学生学术研究能力、健全人格和全面发展的主阵地，对学生的成长起着至关重要的作用。高等院校一般多出高素质人才，培养高素质的、为国家服务的人才是高等院校的根本功能，高等院校作为发展的第一动力和民族复兴基础工程的重要结合点，应该在双一流建设中谋求更快的发展，在新征程中发挥更大的作用。

学生教育管理工作是最贴近学生利益的事项。学生教育管理工作者应该在高等院校发展的浪潮中实现自我价值的提升，用更高的标准要求自己，真正走进学生的生活学习中，了解学生在学校真正关心的事情以及面对的实际问题。高等院校的学生工作人员是整个学校运转的核心，是连接学生和导师、学生和学校各个部门的桥梁，与学生最基本的需求紧密相连，其工作效率直接影响到学生教育管理工作的运行状况。以更高的标准完善学生工作流程，加快学生工作流程建设步伐，培养高素质、切实能干、稳扎稳打的高等院校学生工作队伍是一项既紧迫又长期的重要任务。

2. 时刻保持服务学生的意识

学生教育管理工作的中心是把学生的利益放在第一位，教育管理工作者应及时掌握学生的思想发展情况和实际需求，了解学生的心理活动和最关心的问题，帮助学生正确处理学习和生活中遇到的困难，树立正确的价值观、人生观和世界观。在管理中做好服务，在服务中做好引导，将服务学生作为第一责任，面向学生提供一系列服务内容，尊重和满足学生的意愿与需求。

3. 尊重学生个体之间的差异

由于来自不同地区以及具有不同教育背景的外在因素和自身条件不同的内在原因，学生的思维方式、言谈举止、兴趣爱好有所不同，无论是在横向、纵向，还是斜向都存在一定的差异。面对这种差异，公正客观地对待就显得尤为重要，意识到差异的存在是必然的，应避免用流水线式的一个标准去培养学生。尊重和支持学生的自主选择，学生教育管理工作者应适时引导学生向正确的方向发展，让学生发现自己身上的亮点和优势，找到最适合自己的位置。学生教育管理工作者作为和学生接触最频繁的人，要以身作则，不断完善和提升自己，给学生带来积极、正面的影响。

（二）了解学生的利益诉求是教育管理工作的出发点

高等院校作为培养社会主义人才的核心基地，在培养学生的过程中应该多听学生的声音，了解学生在大学期间需要的学习能力，需要的适宜生活环境，在生活和学习方面需要得到的支持，给予学生充分的表达机会，保护学生的合理利益，充分展示高等院校的魅力。

1. 学生利益诉求的实际意义

校园的和谐文明建设与学生息息相关，学生生活在校园里，对学校各个方面的感知和体会最深，学生利益诉求是构建和谐校园的核心，只有了解学生的诉求才能建设更符合学生实际需求的高等院校，让学生真正热爱和融入学校，培养出高层次的人才。

学生对利益诉求的表达体现了学校对公平正义的维护。如果学生发现关系到自身实际利益的事情存在某些问题，却不能与管理者进行有效的沟通交流，那么学生会产生强烈的不公平、不公正的感觉，长此以往，不仅无法弥补学校工作的不足，而且会对学生产生负面影响。在传统教育管理模式中，高等院校直接做出决定，学生按教师指令办事，缺少了学生表达的环节，而且考虑不够全面，会影响学生的实际利益。

听取学生的诉求，让不同的意见充分表达，真诚地与学生对话才能了解学生实际关心的、真正需要的东西。高等院校教育管理者要关注学生的实际利益，提高学生的参与度，促进高效的沟通形成良性循环，鼓励和引导学生积极表达自己的想法，让学校的规章制度真正从学生出发，为学生考虑，保障学生的利益。

2. 高等院校学生利益诉求的内涵

在高等院校不断发展改革的过程中，高等院校的内部体制也在发生变革，与学生直接相关的如宿管、饮食、设施等都需要学生与学校相关部门沟通，学校的教务办、宿管科、后勤科等都是学生要沟通的对象，与这些部门沟通的效率和相关人员的态度直接决定了学生的利益能否得到保障。

利益诉求是学生权利的体现。学生在学校里生活和学习，学校有爱护学生的责任，学校应该尊重学生的表达权利，学生也应该通过表达来维护自身的利益。由于相关机制的设置等，学生的这一权利有时会受到制约，使学生处在利益诉求的弱方，无法及时有效地与相关部门进行沟通，但此时相关部门不知道问题的存在，故问题无法得到合理的解决，于是使学生和管理者处于对立面。这不利于学生的良好发展，也违背了学校和管理者的初衷，不仅让学生的利益受到了损害，也让学校失去了引导学生自我完善和更好发展的机会。

听取学生的利益诉求是高等院校自我梳理和自我完善所必需的过程，是尊重学生正当权利所必须履行的义务。诉求方式的单一和体制的不完善，都是对学生利益的一种不尊重，个体利益不能实现，团体利益也会难以维护。高等院校在自我发展和变革的过程中，参与机制的完善尤为重要，听取学生的利益诉求，完善高等院校的办事流程，进行更加规范的管理，才能将个体凝聚为团体，维护学生的真正利益。

3. 完善高等院校学生利益诉求制度

构建诉求体系是解决问题的基础。和谐校园的建设需要学校和学生共同努力，如何消除矛盾和解决问题就显得尤为重要，而了解学生的利益诉求是一切的基础，开通一个利益诉求的渠道成为重中之重。完善学生的利益诉求制度，需要从以下几个方面考虑。

（1）引导学生形成正确的诉求意识

学生在表达自己诉求的同时，应该采取积极正确的方式。学校要培养学生采用正确方法来表达自己的诉求，例如，通过主题活动、讲座和多种方式的宣传，向学生讲解学校的制度体系、政策方针、发展规划以及管理决策，让学生更全面、更实时地了解学校的动向，并且告诉学生有哪些合适的方式和途径可以去表达诉求，让学生在知道自己的权利和义务的同时，也能积极而正确地表达自己的观点和想法，支持学校的发展。

（2）扶持学生利益诉求组织

学生利益诉求组织是学校贴近学生的沟通渠道之一。在学校中有一些学生自发建立或者由学生管理的相关组织，这是学校贴近学生的良好互动平台，学校应该积极支持这种组织并且加强沟通，以达到拓宽信息来源、贴近学生生活的目的。学生利益诉求组织是校园中的重要角色，不仅可以实现信息的快速流动，而且有利于学生诉求的充分表达，从而推动和谐校园的建设。

（3）拓宽学生利益诉求的渠道

通过多种形式的利益诉求渠道来收集诉求信息。除传统的当面交流之外，还可以采取信件来访、邮箱沟通、电话咨询、线上答疑等形式，使学生在有问题的时候，能够找到合适的渠道与学校相关部门沟通，让有关政策落到实处。除此以外，学校的教育管理者也应该走到学生中去，及时掌握学生的情况，了解学生的动态和诉求，积极与学生沟通，做好信息获取工作。

（4）建立利益诉求的专门机构

高等院校应建立学生利益诉求收集、统计、分类等专门机构。目前与学生利益诉求相关的管理部门主要是学生办公室、后勤处及其他服务类部门，这些部门平时要处理部门事务，有时会无法顾及学生的诉求。为了保障学生的利益，使学生诉求能够在第一时间被相关部门接收，应该建立专门处理学生诉求的机构，完善相关的诉求章程制度，维护学生的正当利益，确保每一个学生的诉求都能够被相关部门接收到，并且高等院校在收集和处理信息的过程中，要秉承公开、公平、透明的原则，接受学生的监督，保证学生的知情权。

（5）健全学生利益诉求的制度章程

制度化是一个体系的核心，建立健全学生诉求制度是保证工作正常开展的基础。在高等院校教育管理工作中，接收反馈的过程有时比办事的过程更重要，反馈所带来的信息是优化和发展的基础，在学校追求一流建设的今天，如何做得更好成为学生教育管理工作的重中之重。学生反馈意见，是出于对学校不断进步的信心，反馈的不仅仅是意见，还是对学校的热爱和希望。学校在收到意见和建议后，应对之前所做的工作做出评估，找出不足之处并积极改正，使工作能够做得更加到位。学生的积极性在表达意见时得到了充分的提升，如果其意见长时间得不到回复或未被处理，学生的积极性容易受到打击。因此，获取并分类处理学生的反馈是高等院校必须做的工作。

学生作为学校运行和发展的主线，是一个学校的主体，学生利益则是学校教育管理工作开展和落实的立足点，把学生的利益放在第一位是学校教育管理工作的宗旨。在以生为本的管理理念的指导下，学校应培养教育管理工作者的服务意识，规范管理工作的流程，深入了解学生的需求和学生反馈的信息，以开放和包容的态度做好学生教育管理工作。

第二节　以生为本教育管理的实践路径

一、纠正对以生为本教育管理理念的错误认识

当前，以生为本理念在高等院校学生教育管理中的应用存在一些认识上的错误。例如，在运用过程中偏离人才培养本源的定位取向、迷失原则底线的学生管理举措、不负责任的教育教学行为等都是对以生为本理念在新时期高等院校学生教育管理实践中运用的误解。因此，高等院校在进行人才培养时，必须纠正对以生为本教育管理理念的认识错误，突出学生的发展，明确育人为本的价值定位，做好服务与管理的协调推进。

（一）坚持以生为本，重视学生发展

目前，我国正在大力进行教育改革，教育改革取得成功的重要途径就是坚持发展能满足社会需要、适应时代发展需要的教育。很显然，传统的以教育管理者为主体，完全不重视学生主体能动性的教育管理理念阻碍了高等院校学生教育管理工作的改革，而一些过分夸大以生为本的理念同样不利于学生的发展，应当警惕。

1. 教育管理者应该引导学生树立自主教育管理的意识

高等院校学生都是成年人，要有成年人的意识和担当，在高等院校学生教育管理中，仅仅靠教育管理者的引导和制度的约束是远远不够的，学校应通过讲座等方式引导学生树立正确的生本意识。

首先，教育管理者应注重对学生尊敬师长意识的引导。在学校接受教师的知识传授和管理者的管理是学生在校期间所应尽的义务，学生不应该把自己定位为"消费者"，将一切当作理所当然，从而放纵自己的行为。

其次，教育管理者应注重引导学生对自身负责的意识。学生在生活、学习等方面遇到自己无法解决的问题时，应主动与相应的教育管理者取得联系以获得帮助。学生只有保持与相应教育管理者的联系，树立正确主动的意识，才能更好地让教育管理者服好务、把好关。

2. 作为课堂教育管理者的教师需加强对学生行为的引导

以生为本并不是否定教师的价值而放纵学生的行为。在当前的高等院校学生教育管理

中，部分教育管理者对生本的认识存在偏差，过分夸大了学生的主体作用，甚至怕在教育管理工作中出现失误而担负责任，影响自己的前途。这是教育管理的一种畸形发展，更是当前高等院校教育的一种悲哀。我们要立法来保护教师的惩戒权，教育不是万能的，在通过足够耐心的说服教育之后，对于仍然不听话的学生，学校教师就要采取适当的惩戒措施，不能任其发展。因此，生本不是放纵学生，教师应该有立德树人的正确的生本意识，不能放纵学生。

3. 学校教育管理行政部门的工作人员应该尊重学生的主体地位

首先，树立精准服务意识。高等院校教育管理工作者应该了解学生的现实需求。从教育、管理、服务三个维度搭建平台，推动高等院校学生自主教育管理，充分发挥学生的主体性。

其次，树立精准施策意识。相关教育管理者应该了解当前高等院校学生的心理、行为等特征，对学生要加强引导，注重学生发展。学生的成长是内在因素和外部引力共同作用的结果。高等院校学生教育管理者需要不断创造条件，激发学生的主观能动性，促进学生自我完善、自我发展。

（二）坚持服务与管理协调推进

服务决定管理，管理推动服务发展。管理与服务是辩证统一的关系，不能割裂二者之间的联系。在高等院校学生教育管理活动中，为学生提供服务并不是将原来"师本教育"中师生之间的地位进行颠倒，而是将原来"服从与命令"的对立关系向平等、尊重的友好关系转变。教育管理者应该明确自己的定位，既要抛弃传统教育中"独裁者"的身份，又要走出当前过分夸大学生作用而忽视教育管理者价值的阴影。教育管理者应该以身作则，变成学生发展的领导者、指引者和督促者。

在服务和管理中也要重视班级整体与学生之间的关系，着眼于班级整体规划，着力于个人成长发展，推动班级整体和学生个人共同发展。整体和部分二者之间是不可分割的，二者相互影响。部分在一定程度上也限制、制约着整体的发展，关键的部分甚至还会对整体的发展起决定性作用。在班集体管理中，如果每个学生（部分）形成非常合理的整体结构，整体的功能将会以最优的效能影响着每个个体。所以，整体和部分的辩证关系要求我们着眼于整体，着力于局部。要学会优化结构，使整体功能得到充分发挥。首先，着眼于班上每个学生的发展。班级的整体建设应该落实到每个学生肩上，面向全体学生，而且要注重学生的差异化发展。其次，注重对学生干部的培养。在班级有效管理中，培养团结互助、综合素质高的学生干部是建立教育管理者与学生桥梁的有效手段。从马克思主义哲学整体和部分的辩证关系来看,关键部分有时候会决定事物的发展,不能忽视,而学生干部在高等院校学生教育管理中就是起着关键作用的重要组成部分。

二、优化人才培养模式,促进"师生"互动交流

在优化高等院校学生人才培养模式,促进教育管理者与学生互动交流的前提下,应该坚持以生为本的教育管理理念。高等院校学生的教育管理工作必须创新服务方式,优化人才培养模式,提高教育实效性。坚持以信息通畅为基础,以完善人才培养方案为保障,以学生自主管理为主线,以学校和社会联合培养为抓手,形成系统的人才培养模式,才能更好地完成对高等院校学生的教育管理工作。

(一) 优化人才培养方案,强化联合培育

教育管理的发展和改革不能仅仅依靠学校这一单个主体,还需要整合社会资源,形成合力,营造出轻松愉悦的学习氛围。学校的人才培养方案主线应该从单一的学科本位主线转变为融学科知识学习、能力培养与素质提升为一体的培养方案主线。

人才培养方案是一所高等院校培养人才的纲领性文件,应具有专业特色性、时代适应性等特点。高等院校学生人才培养方案的优化应做到以下几点。

首先,应该根据专业的特点,以人才培养目标为导向,以学科知识、专业技能和综合素质三个方面为着力点进行培养。

其次,高等院校学生教育管理并不是为了教而教,为了管而管,需要结合用人单位的要求,从实际出发对学生进行针对性培养。因此,高等院校学生人才培养方案与课程体系需要校企联合,在立足时代特征和专业特色的前提下进行制定。

最后,学校教育管理是高等院校学生培养的主要途径,需要从理论上进行全方位指导,让高等院校学生学好理论并指导其实践。用人单位作为高等院校学生培养体系的重要组成部分,要扮演好高等院校学生实践培育者的重要角色,担负起相应的社会责任。在相关实践培育中,用人单位应有针对性地培养自己所需人才的相关技能,从而为自己注入新鲜的血液。

综上所述,当前高等院校学生教育管理需要改变纯粹的学校单向管理,也要改变千篇一律的理论传授,更要改变"主观式"培养,要从多方收集关于学生培育的信息,有针对性地优化培养方案,优化人才培养课程体系。

(二) 完善学生自主教育管理支持体系

高等院校学生自主教育管理主要分为学生个体自主教育管理、学生群体自主教育管理

和学生参与性自主教育管理三个方面。

1. 学生个体自主教育管理

在学生个体自主教育管理中，学生具有教育管理者和被教育管理者的双重身份。作为成年人的高等院校学生要明确法律、校规校纪的红线不能触碰，应该以"慎独"的思想严格要求自己，培养自己的道德情操。

学生在进行自我教育管理时要处理好以下几个关系。第一，自由与纪律之间的关系。自由不是绝对的放纵，是在一定的制度、纪律约束下的相对自由。第二，自身与他人之间的关系。马克思认为人是社会的人。学生在进行自我教育管理时要处理好自身与他人之间的关系，应团结同学，换位思考，顾及他人感受。第三，个人与集体之间的关系。学生要明确自己是集体中的一分子，不仅要树立主人翁意识，主动参与集体活动，而且要以大局为重，主动维护集体利益。因此，作为教育管理者的辅导员要对《学生手册》等纪律制度性文件予以解读、普及，让高等院校学生能够准确地为自己的行为定性。

2. 学生群体自主教育管理

学生群体自主教育管理分为正式和非正式两种。正式的学生群体自主教育管理的主体主要为学生会干部、班团干部、党员干部，非正式的学生群体自主教育管理主要是对班级成员的文化指导和舆论引导。

（1）加强正式的学生群体自主教育管理

高等院校是人才的培养基地和汇聚地。在高等院校学生群体自主教育管理工作中仅仅培养学生的参与意识还无法达到学生自主教育管理的目的，学生教育管理者需要有意识、有针对性地培养学生的参与能力。首先，让高等院校学生清楚地了解自己所享有的权利与维权途径，明白其应该承担的责任、履行的义务及违反相应规定的后果，在高等院校学生的心中拉起一根"高压警戒线"。其次，让高等院校学生在实践中不断提高自身的参与能力。在高等院校学生班级管理中，辅导员是主要的实施者与责任人，扮演着不可替代的角色，而高等院校学生的日常管理工作，还应该包括学生的自我管理，尤其是要发挥学生干部的重要作用。

应该立足于班级的整体发展，设定班级建设目标，根据相应的班级建设目标制订具有可操作性的计划，完善学生自主教育管理支持体系，教育管理者应该注意以下几个环节。第一，明确学生自主教育管理的目标是前提。教师要根据班级学生的情况设立总体目标和具体活动目标，通过目标定位，让班级学生的教育管理工作更加具有目标性和可行性。第二，培养学生干部是关键。在高等院校学生管理队伍中包含两个部分：其一是以辅导员、班主任等教师为代表的学生管理教师队伍；其二是由学生组成的学生自我管理、自我服务的学生管理队伍，二者合称为高等院校学生管理团队。在以生为本的高等院校学生教育管理中，要将整体与部分进行有机整合。第三，制定自主教育管理的制度是保障。学生自己制定规章制度，制定的过程要充分考虑全班同学的整体意志，注重班级文化和班风建设。

（2）重视非正式的学生群体自主教育管理

相对于非正式群体自主教育管理，正式群体自主教育管理具有滞后性。因此，应该加强对非正式群体自主教育管理的文化氛围的营造。高等院校学生教育管理者应以一种正确的价值观指导相应氛围的营造，扩大其影响力，以其正面力量弱化甚至消除相应的负面影响，助力高等院校学生自主教育管理的推进。

3. 学生参与性自主教育管理

学生参与性自主教育管理主要是指学生在相关部门教育管理者的领导下适度地参与学校的管理，一方面可以推动学校服务的完善，保障学生的利益；另一方面能起到锻炼学生能力的作用。在涉及学生的利益和学生关心的问题时，应该加强对学生意见的调研，充分听取学生的意见，甚至是让学生在一定程度上直接参与到管理中。这不但能推动学校的管理运行，而且能在相关实践活动中起到锻炼学生能力、培育其品格的作用。全方位搭建自主教育管理平台，创建高等院校学生自主教育管理委员会和微信公众平台，从学生的视角服务和引导学生，以优秀学生标兵团队引导和带动学生。把握舆情动态，在教育管理者的主导下，从微信平台上开辟校园热点论坛，引导学生合理地表达自己的想法。

（三）创设学生思想动态反馈机制

在高等院校学生的教育管理活动中，教育管理者与学生间的沟通是一种双向互动活动，特别是在班级管理中，教育管理者只有建立了完善的学生思想动态反馈机制，才能够更好地掌握学生的思想动态，更好地为学生服务。尤其是在高等院校学生日常管理中，应该保持对高等院校学生思想问题的敏感性，坚持以预防为主，以治理为辅。一方面是在问题还未发生时，以行之有效的措施予以防范，规避相关风险；另一方面是将问题解决在萌芽状态，在问题已经发生，但还未引起较大负面影响和损失的情况下予以解决。而这些的前提条件是已经建立起及时、有效的学生思想动态反馈机制。当学生思想动态反馈机制建立后，在遇到相关问题时，就可以通过疏导教育法，加强教师和学生之间的沟通，对学生错误的意识进行引导，增强高等院校学生日常教育管理的感召力。

在高等院校学生教育管理中班级是一个非常重要的单位，可以通过以下五种方式进行学生思想反馈。

其一，学生的思想动态可以由辅导员直接向学生本人了解，也可以由学生直接和辅导员交流，这具有时间上的快捷性和事务处理上的针对性。但是，在实际操作和调研中发现，仅仅依靠教育管理者和学生直接交流的反馈渠道是狭窄且难以发挥作用的。

其二，先进分子反馈。在日常教育管理中由党员、预备党员和入党积极分子组成的先进分子小组对学生有比较深入的了解。

其三，班级干部反馈。班长等班级干部在高等院校学生日常教育管理中是与其他学生交流接触最多的。通过班级干部进行了解，有助于从整体到局部形成一条主线。

其四，第二课堂反馈。在高等院校学生教育管理中，由于教室不固定，课程活动相对自由等，班级同学之间交流不多，而第二课堂增进同学间的了解，更有利于思想的交流与反馈。

其五，以宿舍为单位进行学生状态了解。宿舍是班级管理的有机组成部分，具有管理复杂性、空间私密性、学生动态本质性等特点。宿舍是学生的经常性生活场所，很多生活习惯都在宿舍予以显现。因此，高等院校学生教育管理要着重关注宿舍的动态管理，与高等院校辅导员、后勤管理处、学生处、保卫处、物业公司等形成合力，对学生的思想动态进行监管、反馈、引导。

三、明晰"引路人"角色定位，强化教育管理者的引导功能

在高等院校学生教育管理中，传统的"师本位"教育观念与绝对化的"生本位"教育观念都不利于学生的发展。在落实立德树人根本任务，推进"三全育人"的背景下，高等院校学生教育管理应该探寻教育管理者和学生关系的平衡点，不能片面、单一地依靠高等院校学生自身的主体性来进行教育管理，不能让高等院校学生教育管理者在教育管理中缺位，在对学生的实践引导过程中缺力。教育管理者应该明晰自身"引路人"的角色定位，发挥自己的"导向"功能、"导思"功能和"导行"功能，增强教育管理者在促进高等院校学生全面发展过程中的引导效用。

（一）发挥教育管理者的"导向"功能

"非学无以广才，非志无以成学"，在高等院校就读期间是学生学习的黄金时期，学生可以学习知识、增强本领，为青春奋斗提供动力。当前高等院校学生从心理特征上看自我意识显著增强，具有较强的自我教育能力；从行为特征上看"具有明显的目的性且这一目的性让其在大学期间的行为和活动都具有明确的指向性"。

1. 科学制定并展示必要的教育管理目标体系

高等院校学生具有明确的目标和较强的践行能力，但是由于高等院校和中学的课程、实践活动等有较大的差别，很多高等院校学生不能对自己的高等院校学习生活进行科学合理的规划。因此，科学制定教育管理目标是发挥"导向"功能的关键。高等院校学生教育管理者需要明确地告诉学生在大学期间所要学习的课程是什么，相关资格证的认定条件、报考时间、注意事项等。

2. 营造平等交流氛围，提升育人质量

把握学生行为特征，形成师生平等、自由交流的校园氛围。针对当前师生交流不足、管理实效不强的情况，教师首先要加强师生之间的交流。而师生之间形成有效交流的前提条件是要营造多维的文化氛围，让师生之间保持平等、自由的对话，具体表现如下。

（1）激发学生的主观能动性

兴趣是最好的教师，在高等院校学生教育管理中需要找准学生兴趣和人才培养路径的契合点，激发学生的主观能动性。通过对相关问卷的分析，了解到学校在实践上不能满足学生的发展需求，有79.53%的学生表示经常和总是希望学校多开展一些实践活动，说明大部分学生的学习愿望是非常强烈的，通过学生喜闻乐见的实践活动来对他们进行教育，具有较强的可行性。尤其是在教育教学方面更需要充分地激发学生的主观能动性，让高等院校学生获得充分的锻炼演示机会，不断提高学生的表达能力、实践能力。

（2）发挥教师的引导作用

配备足够的师资，让教师的教育受众群缩小在一定范围内，从而更好地实现"全员育人"的目标。在高等院校学生教育管理中，首先是确定学生在教育管理活动中的主体地位，激发学生的主观能动性，以更好地促进学生的发展。但是，"以生为本"并不是片面地强调学生的作用，而忽视教师的价值。在高等院校学生教育管理的各个环节，教师的主导作用永远都不能忽视。教师在坚持"以生为本"教育理念的同时也需明白自己的定位和职责。

（3）教师主导和学生主体相结合，防止两种极端倾向

在高等院校学生教育管理中，不能过度地依靠管理者，也不能夸大高等院校学生的主体作用。在"以生为本"教育管理理念的运用过程中，应该坚持教师的主导和学生的主体作用，让二者互相交织，形成合力。如果在高等院校学生教育管理中仅仅强调教师的作用，那么人才的培养模式将会退变为传统的行政管理式的"师本教育"，如果一味地强调学生的作用，忽视教师在高等院校学生教育管理中的作用，则可能导致教师的不作为、懒

作为和假作为。以上两种情况都显然与主流教育价值观不相符。在高等院校学生教育管理过程中应该充分地彰显学生的主体性，也应该让教师的价值得到肯定，使二者协调发展，推进"以生为本"在高等院校学生教育管理工作中的应用。

在形成平等、自由的氛围的过程中，应注重以下两个方面。

第一，师生应该互相尊重。在传统的师本教育中，教师占据着主导地位，而在新时期的高等院校学生教育管理中，教师应该转变理念，与学生平等交流，想学生所想，思学生所思，把握学生的成长规律和行为特征，对学生进行有效的引导教育。

第二，学生应该在尊敬师长的前提下与教师互动交流。虽然当下强调言论自由和个性发展，但是这并不代表学生就可以目无尊长，抛弃中国尊敬师长的优良传统。因此，只有教师和学生共同遵守交流的平等性原则，并予以实践，形成良好的校园沟通氛围，师生之间的交流才会更加流畅，高等院校学生教育管理才会有更强的实效性。

（二）发挥教育管理者的"导思"功能

"学而不思则罔"，在高等院校学生教育管理中要坚持教育与管理相结合，以教育为主。要将教育引导和学生管理融为一体，以思想政治教育晓之以理，以学生管理导之以行，让二者互相促进、互相补充，让教育寓于管理之中，共同推进学生思想的升华，收到事半功倍的效果。

1. 在课堂教育管理中，以课程问题为导向，巧设悬念

首先，以问题情境为导向。有问题，才有疑虑，最终方能激发思考。因此，在高等院校学生课堂教育管理中，应该坚持以问题为导向，让学生带着问题在相关文献资料中进行针对性探索。其次，以例释理。在高等院校学生课堂教育管理中会涉及很多晦涩的理论知识，这就要求高等院校课堂教育管理者在课堂中激发学生思考。

在传统的教育教学中以教材为主线，强调按部就班地以预设课程对学生进行知识灌输。但是在生本课堂中强调的是在教师的主导下让学生多一些自主探索，以合作探究式、问题导入式等手段加强学生思考。在媒介上可以建立数字教育资源共享机制。随着互联网的发展和信息社会的不断进步，资源共享已经成为当前高等院校学生教育管理中必不可少的一环。而且通过"双师设备"等方式建立的数字教育资源共享机制，突破了时间和空间的限制，拓宽了信息收集渠道，能够促进学校之间的交流，更能够满足当前高等院校学生对知识、对外界信息的需求，有利于激发高等院校学生在学习上的主观能动性。

2. 在日常教育管理中，多管齐下，启发学生思考

在高等院校学生教育管理中，除了在课堂教育管理中要引起学生的思考外，在日常教

育管理中也需用多种方法启发学生思考，坚持显性教育与隐性教育并举。首先，开展谈心谈话活动。辅导员作为日常教育管理工作的组织者，应该增加与学生谈心谈话的频次，既要摆事实、讲道理，又要办实事、解决问题，通过以理服人和以情感人两种方式促进学生从思想上进行反思、升华。其次，开展主题班会，以演讲辩论、文章分享等方式与高等院校学生在思想上进行平等沟通，以潜移默化的隐性教育把握学生的思想脉搏，启发学生思考。

（三）发挥教育管理者的"导行"功能

以生为本的教育目标是"促进学生自主发展"。针对教学任务单一、环节程式化和师生交流不足、管理实效不强等问题，应该采取改进教育的方法，构建以教师为主导，以学生为主体的教育管理模式，形成师生平等的氛围，以激发学生的主体性，促进教育对象自主发展。而"导行"的"行"指的是行为——受思想支配而表现出来的活动。作为教育管理者要指导学生的行为，应该将言传和身教作为发力点，坚持以教育为主。具体方法有以下两种。

1. 说服教育法：加强思想导行

说服教育即教育管理者针对受教育者当前思想和行为上的问题，通过以事实切入，以道理说服让学生从思想上受到开导，从行为上予以转变。当前高等院校学生的"人格发展基本成熟但不完善"，"知行差距较大，思想认识肤浅，实际经验缺乏"。因此，教育管理者需要将事物"由表及里"地进行本质性分析，通过讲解、谈话、讨论辩论等方式进一步让高等院校学生通过"被说服"的方式从思想上改变并由此引导自己的行为，而不是"被压服"，让学生不得不按照相应教育管理者的想法做事。这种柔性的教育管理方式比刚性的方式更能从根本上解决问题。

2. 典型教育法：强化示范导行

典型即在同类型事物中最有代表性、更能说明本质的个体。首先，树立优秀学生典型。在高等院校学生中，总会有特别优秀的学生。对相关优秀的学生予以培养、推广，从正面树立典型，加强示范教育作用，影响学生的行为。其次，树立自身典型。教育管理者在对高等院校学生进行行为上的引导时，应该注重自己的"身教"。"打铁还需自身硬"，只有教育管理者自身做到了言行一致，才能够大大地增加典型的示范感召力。

四、深化实践教育改革，提升实践育人质量

当前高等院校学生对社会实践要求强烈，社会各界也认为应该加强高等院校学生在理

论学习后的实践培育，提升育人质量。因此，可以通过构建"三维课程体系"、实施"1+1+X"证书制度和加强校企联合培养的方式，深化实践教育改革。

（一）构建三维课程体系，强化学生实践发展

学生是独立的个体，具有相对的差异性，无论是能力、学习背景还是兴趣爱好都会有一定的差异。因此，构建适应学生发展的课程体系是解决当前教学任务单一、环节程式化等问题的重要措施。

当前，在实施教育改革的过程中并没有很明显地进行区分，甚至以必修理论课的教学模式占据了大部分，而给学生自由选择的机会非常少。所以，应该建立三维课程体系即必修课程和选修课程、专业课程和综合课程、学科课程和活动课程三维课程体系。

改进教育方法，构建三维课程体系不仅能促进学生的发展，还能助力社会的进步。首先，从个体发展的角度上看，只有构建并践行了适应学生差异发展的课程体系，才能够走出唯书、唯上的怪圈，真正地让学生在高等院校学习生涯中除了训练必备的技能和储备相应学位、学科的理论知识，自由、有效地寻找相应的学习空间。其次，从集体发展的角度上看，每个学生都是班级的一分子，也是当前新时代储备力量的一分子，只有着眼于顶层设计，着力于个人发展，让每个学生充分地发挥所长、最大限度地获取感兴趣的知识，并将其运用于社会生活实践中，社会才会发展得更快。

在"三维课程体系"中包含三组课程关系，应该全面综合地考虑。第一，必修课程和选修课程。目前高等院校学生教育管理中必修基础理论课占据总课时的比例较大，在此，应该增设更多的选修课程，让学生能够根据自身的兴趣爱好、发展需要来选择相应的课程。大学课程体系中主要以院系、专业来划分相应的课程，只有增加选修课的种类、提升选修课的质量，才能尽可能地让高等院校学生掌握多项技能，助力学生的全面发展，使其适应社会的发展需要。第二，专业课程和综合课程。在高等院校学生的课程体系中专业课程非常重要，必须夯实专业基础才能够在未来的发展中尽可能地展现专业优势。但是当前社会发展中除了专业人才，还需要复合型人才。而综合课程是按照一致性原则，由两门或两门以上的学科领域构成的学科，让学生能够在多学科的整合下更精确地把握理论并运用知识。第三，学科课程和活动课程。学科课程多以理论为主，活动课程多以实践活动为主。将二者合理地融合后形成合力，才能更好地巩固理论知识，并将知识内化于心，外化于行。

（二）实施"1+1+X"证书制度，培养学生的综合能力

高等院校学生应积极响应国家在《国家职业教育改革实施方案》中提出的号召，在获

得学历证书的前提下，提升自己在多方面的就业创业的综合能力，拓展多维本领，从而缓解当前高等院校学生的就业矛盾。当然，作为本科及以上学历并应取得相应学位证书的学生，也应该通过相应的考核，满足相应学位获取条件。在高等院校学生教育管理中应该加强学生思维、交流、观察等能力的培养，鼓励学生在校期间考取相应技能证书。

"1+1+X" 证书制度的解读如下。

第一，在该制度中的两个 "1" 分别是指毕业证书和学位证书。这两个证书对于当前本科及以上的高等院校学生都是基础性证书，也只有在完成规定的学业并考核合格后才能获得。当然，有些专科学院的学生没有学位证书，但是也需要获得毕业证书。当获得相应的基础性证书后，也就表明学生在学校研修的课程和培育都已合格。

第二，"X" 证书主要分为职业资格证书和技能资格证书两类。首先，相关专业的学生需要在院系专业的大背景下获得相应的职业资格证书。例如，师范类高等院校学生需要考取相应的教师资格证，而法律专业学生也需要通过司法考试。这是为以后的工作打下坚实而必要的基础，也是后期从事相应行业的"敲门砖"。其次，需要获得尽可能多的"技能资格证书"，如英语等级证书、计算机等级证书、普通话等级证书等。"人是社会的人"，高等院校学生终有一天会走出高等院校的象牙塔，走进社会的竞争中，只有掌握多种技能，才能够更好地立足于竞争的社会洪流里。

（三）加强校企联合，形成产学合力

企业是高等院校学生就业的重要渠道，也是实践锻炼的重要平台。企业在招聘人才的时候需要有相关工作经验的学生来为企业注入新鲜的血液，而高等院校学生也希望能够在实践中锻炼自己的能力，让自己在求职中能多一份优势，在工作中多一些经验。学校应该架好企业与在校学子之间的桥梁，加强校企之间的合作，通过企业专职人员到校讲课、学生赴企业一线参观学习和提供企业实习平台等方式更好地满足高等院校学生的实践需求，提高高等院校学生的专业实践能力，促进高等院校学生教育管理改革。校企形成合力后对高等院校学生教育管理的影响是巨大的。首先，企业专职人员赴一线课堂讲课能够更好地让学生了解当前该行业的动向和人才需求，为学生在校的能力培养提供了一个明确的方向。其次，高等院校学生在赴企业一线参观学习后会对自己的能力形成较为清晰的定位和认知，从而有力地激发学生的主体性，让其在后期的学习生涯中更加努力进取。最后，让高等院校学生进入企业内部实习锻炼可以使其尽早地感知企业文化，并将自己在校所学的理论知识在实践中进行巩固、提升。这不仅给学生个人提供了一个实践锻炼的机会，还满足了企业对人才的专业性需求，更是为学校的专业教育确立了方向。

　　《中共中央、国务院关于深化教育改革全面推进素质教育的决定》提出要加强产学研结合，大力推进高等院校和产业界即科研院所的合作。可以通过校企共建实验室、实习基地以及合作教学的形式，共建"双师"型教育队伍，为高等院校的教育改革提供新的方向。校企联合培养可以有效地解决当前部分专业教育与社会脱节、学生实践能力不足的问题，真正形成资源共享、优势互补的融合式教育。

◆ 第五章　互联网时代高等院校教育管理模式的教学实践与应用

第一节　互联网时代高校教育管理模式中的教学实践

一、教学方式的转变

互联网教育是在全球信息化的大背景下产生的，是互联网时代的教育。随着新兴技术逐渐被运用到教育领域，如3D打印、教育游戏、社会性虚拟社区等，对教育信息化集成产生更大的效果，内容非常丰富：慕课、开元硬件、学习分析等都被广泛地重视，有些已经得到了应用，还有云计算环境、虚拟实验室、Second Life 虚拟软件、大规模在线开放课程、"翻转课堂"以及"慕课"的迅速发展，开放课程、开放数据、开放资源、开放教育、开放存储、开放思维等开放观念进一步深入人心。

（一）物联网——智能化教学

物联网对教学最大的贡献用一句话概括就是教学世界的感知与感知服务。即物物相连之网，物联网是通过信息传感设备，如传感器、射频识别技术、GPS 系统等各种装置与技术，将物体与物体、物体与互联网连接起来进行识别与管理。物联网是建立在数据云储存、业务云之上的，是将智能终端通过先进网络相连的一个业务数据智慧处理体系。通过物联网可以实现人与人、人与物、物与物、物与互联网之间的连接，方便对事件和对象进行识别、管理和控制。在物联网的世界里，可以实现任何物体与物体之间的信息交换和通信，实现了物理世界和信息世界的无缝衔接，进而实现现实世界与人的无缝衔接。

物联网是面向实体物理世界，以感知互动为目的，是以互联网和人工智能为基础的，但又超越智能化、超越互联网，是物理与信息深度融合的全新系统，关注的是外部的现实世界的事件和事件的感知。

物联网为教学环境的变革提供了技术支持。物联网的信息传感设备能自动感知学习者的学习位置、所处的学习环境、正在学习的学习内容以及正在进行的学习活动，甚至是学习者与环境或他人的交互情况等信息，并经过大数据的分析处理形成对学习者行为和需求的理解，据此来对学习活动进行管理，提供最高效能的使用环境。

物联网还能为学习者提供智能化的、个性化的学习支持。在物联网中，通过嵌入学习和教学空间的各类传感器来感知分析学习者当前的位置环境；通过登录时的学习者身份认证系统，可以知道学习者信息、操作习惯、个人喜好；通过学习跟踪仪或者可穿戴设备，可以记录学习者的学习行为、预先的学习计划、学习的起止时间、学习路径或课程序列、学习者与设备之间的交互情况、学习者与他人的交互情况、学习绩效和个性化需求等。物联网将这些信息传输给服务器，由服务器终端提供给学习者合适的、智能化的、个性化的学习支持。

（二）虚拟现实——沉浸式教学

虚拟现实（VR）是通过计算机、大数据等技术模拟产生的三维空间的虚拟世界，虚拟现实提供关于视觉、听觉、触觉等感官的虚拟模拟，观察者可以选择任意一个角度，观看任一范围内的场景和物体，帮助使用者获得身临其境之感。虚拟现实有以下几个特征。

1. 多感知性

虚拟现实除了一般的视觉感知以外，还有听觉、触觉、味觉和运动感知，在教学中的运用就可以让学习者感知很多课堂和学校里无法实现的现实世界，如可以在虚拟现实中感受沙漠、在虚拟现实中感受冰雪世界。

2. 沉浸感

体验者感到作为主体在虚拟模拟环境中的真实程度。虚拟现实的沉浸感在教学中的运用可以让学习者全身心地投入三维虚拟学习环境中，激发学习者浓厚的学习兴趣，产生高效率的学习效果。

3. 交互性

体验者对模拟环境内物体和环境的可操作程度和反馈的自然程度。如学习者在虚拟太空环境中感受太空的失重。

4. 构想性

可再现真实存在的环境，也可以随意构想客观不存在的甚至是不可能发生的环境。虚拟现实为教学提供情景化、真实性、自然性的环境和情景的支持。虚拟现实模拟的环境看上去和真实世界中感受到的一样，如同在现实世界中感受的。

（三）教学游戏 App——教学游戏化、娱乐化

教育本应该是快乐的，寓教于乐的观点我国自古就有，娱乐和游戏从词义上来看，含有快乐的意思。教育游戏化、娱乐化的观点来源于互联网教育中，体验式、探索式学习方式的加入，游戏闯关元素的添加，让教育娱乐化成为学生喜欢接受的学习方式。

娱乐和游戏化有助于激发学习者的创造力。教育学家曾经对游戏和学习者创造力之间的关系做了大量的研究，发现游戏评分较高的幼儿在发散思维测试中的评分也比其他学习者高。其原因是学习者在游戏的过程中，因为遵循一定的游戏规则需要运用各种方法。在获取方法的过程中除了通过既往的经验还需要基于经验的个人创造。学习者在游戏中通过积极主动地运用个人智慧及经验，进行创造性的活动来不断激发自我的创造力。

国内游戏教学的发展情况和研究现状可以从两个方面进行分析。第一，传统游戏教学活动的应用。学前教育学家普遍认为游戏是幼儿在成长过程中最好的教学手段，可以促进幼儿的身体发育、多元智能的发展、性格的培养、想象力、创造力的发展等。因此在幼儿教育中，游戏教学方式占了很大的比例。当学习者的年龄增大，进入知识学习阶段以后，在课堂中游戏教学的比例就大大缩小，很多一线的教师将游戏教学作为一种教学策略应用到课堂教学当中，在教学的各阶段采用不同的游戏策略，目的是激发学生的学习兴趣，提高学生的学习积极性。游戏教学在各种学科中都有应用。除此以外，在成人学习及管理培训中，游戏教学的运用也非常广泛，一般体现在体验式活动当中，运用游戏的方式来训练技能及培养意识。第二，结合当前的网络环境，青少年对网络游戏的痴迷，教育工作者们纷纷提出要将游戏和教育相结合，希望能让学生把对游戏的喜爱转化为对学习的动力。

如果在互联网教育中玩游戏就是一种学习，那么学习过程还会那么枯燥吗？如翻转课堂中的游戏化闯关训练，让学习者在娱乐中加强对学习内容的巩固。互联网教育提供了学习趣味化的机会，练习通常采取游戏闯关的方式，增强学习的趣味性和主动性，教育娱乐化的目的是提高学习者的学习兴趣，从"要我学"转变成"我要学"。学习者通过在游戏中制定和遵守游戏的规则来学习遵守社会规则。随着互联网教育的发展，教育游戏化娱乐化的观点也越来越受到人们的关注。

二、教学过程的重组

在传统的教学环境下，受教学时间、教学空间和教学资源及设备的限制，教学以班级授课为主要形式，以教材为主要学习资源，通过讲授教材、分析和传授知识，巩固知识和

运用知识几个环节组成。然而，在互联网教育环境下，翻转课堂、游戏化闯关学习、数字学习资源、社群互动工具、信息化教育管理平台、电子档案等信息化角色介入教学过程，改变了传统教学过程系统中的教学环境的时序结构，使知识的感知、理解、巩固和运用等融为一体，也使得教学过程更加符合教育心理规律。

（一）教学过程的生态模式——形成多元化交互学习共同体

教学过程是学生在教师的指导下，对人类已有知识经验的认识活动和改造主观世界、形成和谐发展个性的实践活动的统一过程，其本质是教师有目的、有计划地引导学生，促使学生积极主动的发展，逐步达到培养目标的要求。在互联网信息技术支持下，互联网教育的过程就是师生充分利用现代信息技术，支持和利用多元化交互、满足学生个性化学习、提倡智慧课程教育、多元评价等，有目的、有计划地展开教与学的双边交流互动，形成多元化交互学习共同体，共同完成教学任务的认知活动与实践活动。教学过程包括教师、教学媒体、教学信息、学生这四个要素。

1. 改变了教师、学生、教学内容和媒体之间的关系

教学系统的结构包括教师、学生、教学内容、教学媒体等四要素。互联网教育颠覆了传统的"班级授课"模式。在互联网教育的形式下，传统的教师角色发生了颠覆性变化，教师由课堂教学的主导者和知识权威，转变为教学的组织者、设计者，学习者的陪伴者、指导者、帮助者和促进者，学生良好品德的引导者和良好情操的培育者；学生由知识的被动接受者转变为学习的主体、知识建构的主体、情感体验与培育的主体。云教育、微课堂、微学分、微学位、游戏化教学等新技术和新教育方式的出现，要求教育向分散化和协作化发展，颠覆"传统"的班级授课制。互联网教育在教育理念和教学模式方面新的实践，为教育变革的发展提供了新的方向。

2. 改变了严格固定的教学进度和程序

互联网教育打破了传统学校教育中严格固定的教学进度和统一规范的教育体制，以往传统的课程的目标、内容、结构都受到学校严格的评价体系控制和制约，而互联网教育将固定年级的课程转变为以短视频呈现，以知识点为单位，方便选取、方便学习、方便转让、方便销售，将更多的选择权和自主权给了学习者，以更实用、更个性化地满足学生的目标和时间需求。传统的课堂教学程序是学生先预习，随后是教师上课讲授和学生听课，最后才是学生在课堂外做作业，教师批改。翻转式教学将这种过程反转过来。学生在课余时间就可以利用互联网在线视频自由上课，做作业，自主学习。在正式的课堂上，将自由

学习和做作业过程中遇到的问题请教教师，教师在课堂上可以及时辅导，同学之间也可以相互交流、进行思想碰撞。

3. 改变了教学交互的方式

在传统教学过程中，教师与学生的交互通常发生在学校中课上或课下面对面的交互，这种交互对于教师与学生来说时间是恒定的，交互呈现出明显的单向化和单一化特征。教师与学生之间较多发生的是一对多的单向广播式交互。但是，在互联网教育背景下，教师与学生的交流方式有很多，除了传统的面对面地交流，还可以利用微信、微博、App 等多种方式，实现与学生实时或非实时的交互，实现一对多、多对多的交互，教师既可以与学生进行面对面的教学互动，还可以运用多媒体网络的交互控制性，与学生实现实时或非实时的交互，实现个别化辅助教学。借助社交网络，学生可以在教师指导下与来自世界各地的不同领域的专家或学习伙伴进行交流、讨论，拓展和强化学科知识，这些都极大地提升了教学交互的效率。

4. 改变了教学组织的形式

互联网教育背景下的教育环境、学习者的行为、教师的教学行为、教学资源的获取、师生关系的互动等都发生了变化。传统学校教育中的教学模式关注的是教师的知识传授，将信息技术视为教学实践中的辅助性工具，强调学习结果的重要性。互联网教育背景下，教学组织形式已经发生了转变。互联网教育有着虚拟时空一致、融合度较高的群体性特征，师生虚拟共享，师生共建共享。互联网等新技术与教学的双向深度有效融合视角下的教学模式构建更加关注学生主体性的发挥，主张将信息技术真正融入学科教学实践和学生学习实践当中去。教师在教学过程中利用多媒体展示工具实现了大信息量的呈现，同时利用信息通信工具在课堂实现了教师与学生之间信息的多向传递，这些大数据所带来的变化已深入每一个课堂之中。

综上所述，互联网教育依靠互联网技术的充分运用，颠覆了传统的班级授课模式，打破了传统学校教育中严格固定的教学进度和统一规范的教育体制，改变了师生、生生交互的方式和范围，也改变了教育环境、学习者行为、教师的教学行为、教学资源的获取等，构建了全新的教学生态模式，形成了具有多元化交互的学习共同体。

（二）教学过程重组的实践案例——翻转课堂

翻转课堂是相对于传统课堂的教学过程来定义的。其主要的背景是网络在线课程，其最大的特点就在于对传统教学过程的重组和反转。传统教学过程通常包括两个部分：教师在课堂上的知识讲授和学生的课后练习。翻转课堂与传统教学的过程相反，实现了知识传授和学生自我练习知识内化的颠倒。翻转课堂是课前完成了传统课堂中知识的传授，知识的内化则由原先课后做作业的活动转移至课堂中的学习活动，从而形成了翻转课堂相对于传统课堂，翻转课堂中的教师角色发生了转变，课堂时间重新分配了，学生角色创新分配了。翻转课堂的主要环节有课程开发—互联网学习—课堂内化—研讨反思四个环节。

1. 第一个模块——课程开发

视频制作：在翻转课堂中，教师提前录好教学视频并提供给学习者。教学视频可以教师亲自录制，也可以使用网络上优秀的在线教育资源。制作视频程序为：首先，成立小组，确定内容；其次，个人备课，集中研讨；再次，形成教案，准备录制；最后，录制微课，剪辑成型。

2. 第二个模块——互联网学习

（1）视频资源的学习

在上课之前，根据教师布置的学习要点，学习者提前观看教师准备的视频，对知识点进行学习。学生在课前的视频学习中，对不懂的知识点或者需要进一步解答的疑点进行记录，完成"先学后教"的先学步骤。视频学习具有变文本学习为可视化学习、变普通教师讲授为优秀教师讲授的优势。

（2）游戏化的闯关训练

翻转课堂区别于传统课堂最大的地方在于，翻转课堂特别注重学习者课前的网络在线学习，学习者在观看视频之后，需要完成教师布置的针对性课前练习，为了增强学习的趣味性和主动性，练习通常采取游戏闯关的方式，让学习者在娱乐中加强对学习内容的巩固。

（3）在线问答的互动

翻转课堂的在线学习阶段，针对学习中的疑问可以在线交流，互联网在线课程提供在线学习服务，学习者既可以即时向教师提问来帮助学习，也可以通过浏览其他先前学习者的问题和已经解答的答案促进学习，学生与学生之间可以进行互动沟通，了解彼此之间的收获与疑问。

3. 第三个模块——课堂内化

（1）答疑解惑

翻转课堂的优势在于课前学习者对相关知识进行了深入的预习，通过观看学习视频、游戏闯关训练、学习者与学习者之间的互动交流，对大部分的基础知识有了一定的了解。

这个时候的课堂主要是留给教师，帮助学习者对学习中不懂的问题进行答疑解惑，教师的作用是通过梳理、归纳、总结、答疑解惑等帮助学习者不断将知识内化。翻转课堂的教师与传统课堂的教师在设计课堂活动时是有区别的，翻转课堂的教师不再仅仅是知识的传授者，而是学习的引导者，教师需要逐步引导学生总结探究有价值的问题。通过学习者在课堂之前的互联网学习，延长了课堂学习的时间，提高了课堂学习的效率。

（2）自主探索与合作学习

翻转课堂的教学过程中，注重学生自主探索与合作学习相结合，在互联网在线的视频学习及游戏闯关中，都需要培养学生的独立学习能力和独立探究能力，在学生的自主学习中建构自己的知识体系。然而，在线问答的互动和课堂知识的内化环节，则需要培养学生的合作精神。针对学习中的任务，组成共同的学习小组或者学习共同体，在共同的学习任务中一起探索，相互帮助，相互分享，以达到共同进步的目的。

（3）展示交流和学生练习

翻转课堂还注重学生学习成果的展示交流，学习者在课堂知识内化、自主探究和合作学习之后，对于个人或者小组取得的成果，可以在小组内部或者小组与小组之间进行交流，与学习同伴分享学习的愉快与喜悦。对于需要进一步巩固的知识点，学习者还需要在翻转课堂之后进行练习巩固。

4. 第四个模块——研讨反思

对于教师来说，翻转课堂的教学设计需要在每一次课堂之后进行研讨反思，从而不断优化方案，优化资源。教师在翻转课堂的反思过程中，促使教师对教学行为、与学生的教学交互、教学过程、教学问题等进行审视、再思考和再研究，获得翻转教学后的深入认识和新的感悟，从而实现课堂和资源的不断优化。教师只有经常不断地反思自己的教学行为，不断地优化教学程序，不断地更新教学观念，才能更好地提升自己的专业技能，不断地促进教师成长，实现"旧我"与"新我"的交替，翻转课堂反思的教学程序及所提供的平台，确实是很多教师通过反思不断优化教学的重要途径。

（三）组织模式变革——走向虚拟化、分散合作化和智能化

互联网教育背景下，颠覆了传统的教学模式和教学过程，改变了传统教学系统的过程和行为模式，重组了教师与学生、学生与学生的关系，呈现出多元化交互学习的共同体，并且推动教师、教学媒体、教学信息、学生等要素之间的重新组合，呈现出新的以互联网信息技术为支撑的时代特征。

1. 教学组织形式虚拟化

教学组织形式虚拟化与传统学校组织形式相比，虚拟化在未来的学校和未来的课堂中将是一种常见的管理、教学组织形式。在形式上，没有固定的地理空间和时间限制，组织成员通过高度自律和高度的价值取向共同实现组织的目标。在教学场景中，虚拟主要是指基于网络环境下的教学活动，包括非面对面的教学实施、教研活动、虚构的教研专家、智能化的教研资源配备等。但是，需要强调的是，虚拟化在本质上必须有实的一面。传统的深入课堂、深入学科组的研究形式仍然不可缺失。虚拟化的技术手段能够跨越时空，为教学提供更加方便、快捷甚至智能的工具，使教学能够更有成效。总体而言，在未来的学校中，虚拟与现实紧密结合才是完整而科学的内涵。

2. 教学组织形式分散合作化

分散是指通过互联网虚拟课堂的学习者分散在全球各地；合作主要是指学习者以合作的方式来参与学习，分散式合作教学营造一种全球参与的教育与学习环境。通过互联网虚拟课堂，学习者虽然分散在全球各地，但是可以通过互联网教育平台来实现合作式学习，营造一种全球参与的教育与学习环境。分散合作教学的教学服务只要是针对分散的学习者提供答疑解惑、教学支持和教学评价等个性化的学习服务，有利于发挥集体的智慧，兼具"自主"和"集中"的特点和优点。互联网教育中教师的角色不是建立在学生之上的权威者，而是和学生在一起参与学生学习的合作者和引导者。教师与学生之间不是森严的等级关系，而是一种扁平化的关系。此外，互联网教学平台是开放的，教学资源也是开放的，可以最大限度地实现学习资源的开放和共享。

3. 教学活动和过程的智能化

在教学活动中，未来教室将是体现智能型的一个重要载体，它将彻底颠覆学生、家长对传统教室的理解。在未来教室中，没有黑板，也没有粉笔，更没有教科书，只有一个像超大屏幕的电子白板，教师的手轻轻一指，各种教学资源就以图文并茂、声像结合的形式出现在学生的眼前。传统的书包、课本、学具将被电子书包所代替。在教学组织上，时间和空间的限制将被打破。在互联网教育环境下，教师可以灵活地布置作业，学生也可以随时随地来完成作业，并提出各种问题。教师可以借助智能化的阅卷与分析系统，给学生快速、个性化的反馈。

三、教学空间的重构

（一）以学习者为中心的教学空间

互联网教育背景下的教学空间以学习者为中心，促进学生的成长，符合面向未来的教育新理念。新的教育理念认为学校不再是学生学习的唯一途径和场所，正规教育与非正规教育的界限变得模糊，学校与社区会有更紧密的结合。这种结合体现在一方面学校的学生会利用社会资源进行学习，另一方面学校的一些资源会向社区开放，成为社区公共服务的一部分。大数据、人工智能、移动互联网、云计算等信息技术为学习空间带来的不仅是教学媒体的变化，更重要的是教育观念、学习方式、评价方式、师生关系等方面的变革。未来学习空间的研究以学习者为中心，促进学生的成长。

21 世纪以来，世界各主要国家都在不断探索信息技术支持下的新型学习环境，尤其关注以大数据、人工智能、移动互联网和云计算为代表的信息技术在教学中的运用，智慧教学和个性化教学带着巨大的活力出现在教学应用实践中。

互联网教育背景下的学习环境是以计算机网络为主的具备交互能力的网络环境。在以计算机网络技术为支持的学习环境中，学习者可以利用庞大的教育资源库、计算机提供的强大的功能和网络提供的通信能力，这种学习环境十分理想，能够提供学习者近乎无限的扩展学习空间的能力，使学习者的自由实现个人发展的愿望成为可能。互联网教育作为现代信息技术与教育教学实践科学结合的一种新的教育形态，不仅从手段和形式上改变了传统教育，更从观念、过程、方法以及师生角色诸多深层面赋予教育以新的含义。

可以为学习者提供更好的支持。在互联网教育背景下的教学空间设计中，可以自动感知学习情境，识别学习者特征、能为学习者提供个性化的智能服务。互联网教育背景下教学空间能感知学习情景，识别学习者特征，为学习者提供合适的学习资源，提供便利的互动工具，而且还会自动记录学习过程，给出评测学习结果。同一时期，威尔森也对基于建构主义的信息技术支持下的学习环境设计进行了探讨，他提出了学习环境的场所观，认为建构主义学习环境是学习者在追求学习目标和问题解决的活动中可以使用多种认知工具和信息资源，并可以有相互协作、相互支持的场所。威尔森还将学习环境分为计算机微世界以计算机为基础的学习环境、基于课堂或教室的学习环境、网络开放的虚拟学习环境三类，强调学习环境的设计不仅包括教室、实验室、计算机室、多媒体室、自习室、图书馆等现实学习环境的设计，还包括互联网学习社区、虚拟实验室、数字化学习平台等虚拟学习环境的设计。

以学习者为中心的亲近自然的绿色成长空间。以学生为中心的教育理念已经被广泛接受，但是这种理念已经切实体现在互联网教育的空间设计之中。互联网教育的空间不仅有学校这个传授知识的地方，更重要的是，这里学生成长的地方，因此校园户外空间的设计要给学生留有充分亲近自然的场地和配置的植物，绿化不但是为了校园的美观，而且是要把户外空间与学生的课程密切结合起来，让绿化成为教育资源，让空间成为学习生长空间。

总体上来说，互联网教育背景下教学空间是以人工智能、数据信息技术为支撑，科学分析和挖掘学习过程中的学习情境信息和数据，为学习者的学习提供个性化的学习支持。

（二）虚实结合、无处不在的教学空间

无处不在的教学和学习空间。未来的学校社区化、实践性、体验式学习所占的比例会越来越大，互联网教育背景下的空间更加多样化。随着移动学习被越来越多的人接受和认可，出现了一批 App 学习软件，学习者的学习空间无处不在，线上和线下相结合，极大地拓展了传统的教学空间。互联网教育背景下的教学空间要综合考虑课程实施以及学生成长对空间特别是公共空间的需求。学习空间不仅在教室内，还包括教室外和户外、虚拟空间。

互联网教育背景下的教学空间要满足集体授课、小组讨论、个性化学习、展示、表演、游戏、动手做、种植养殖、运动等方式，其中既包括了正式学习也包括了非正式学习。因此学习空间的设计必须是多样化的，也需要打破原有的工业化时代的线性设计。21世纪学校物理空间必须要支持的 20 种学习方式分为独立学习、相互学习、团队合作、教师一对一教学、讲座、项目式学习、远程教学、学生展示、研讨式学习、讲故事、基于艺术的学习社会和精神的学习、基于设计的学习、游戏化学习等。尤其值得关注的是在互联网教育背景下学习社区的构建。学习社区由几个教室（空间）加上一个公共空间而构成。学习社区可以有不同的构成方式：第一种是不同班级构成学习社区，这样的布局有利于学生之间的交流和构成学习共同体；第二种是按照学科群构成学习社区，学生课程的选择性增强，同类学科群的学习空间在一起，便于整合资源。有些空间可以按照功能划区，同一节课也可能由于学习方式不同或者所用资源不同而在不同的教学区域间流动。

虚实结合的教学和学习空间。互联网教育强调在真实的世界中学习的同时也注重虚拟空间的设置，无论是一所学校还是一个班级或者是一个组织都可以有意识地创建自己的虚拟空间。很多学校之前开设了自己的官方微博，有的学校开设了自己的微信公众平台。这些都是将学习空间和教学空间拓展的实践，也是未来教育空间的发展方向。此举让教师、

家长、学生都可以感受到虚拟空间，并可以通过这样一个空间最快地知晓信息。学校或者组织也可以通过这样的空间来宣传自己的文化，为组织与受众提供沟通交流的平台，也是学习者学习的另外一个虚拟空间。

（三） 注重文化传承和审美的教学空间

教学空间的构建是实现学与教方式变革的基础。早期对教学空间的研究侧重于物理环境的研究，如对学校建筑空间的研究，对座位安排、设备布置的研究、对教室温度、光线、颜色等的研究，对教学媒体的研究等。

对互联网教育背景支持下的学习环境及空间的研究主要有两种视角：一是心理学视角；二是生态学视角。基于心理学视角的学习环境研究主要集中在课堂环境的研究，关注个体行为与学习环境之间的关系；而基于生态学视角的学习环境研究则侧重于学校环境的研究，关注学校情境中个体与环境之间的关系。互联网教育背景下的教学空间既关注面向未来的教育理念，同时也注重无所不在的虚拟学习空间，更注重文化传承和审美的空间设计。

学生在学校的成长是多方面的，其中与学校建筑和空间相关的是人格养成、审美能力培养、好奇心、学习生活的热情和社交。互联网教育背景下的学习空间不仅仅是学习的容器，更应该是培养学生精神气质的地方，教学空间所传递的文化和审美对学生的成长至关重要，成为影响学生成长的重要因素。因此互联网教育背景下的空间设计注重表现的文化传承和审美趣味，以适应不同年龄段的学生成长的需求。

四、教学模式的构建

从"黑板+粉笔"到"计算机+课件"再到"云计算+大数据"，互联网教育对教育的变革，其中最重要的一个模块是互联网带来了教学模式的变革。在教育的复杂、非线性变革中，也伴随着教学模式与方法的创新。在互联网教育背景下，以大数据、移动互联网和云计算为代表的信息技术在教学中的运用，带来了教学目的、课程（内容）、教学方法、教学环境、教师、学生和教学反馈（评价）的变革，教学模式的创新势在必行，网络智能教学模式就是在此背景下应运而生的。

（一） 网络智能教学模式构建的理论基础

1. 智慧教育

智慧教育是以物联网、云计算、大数据和泛在网络等四大技术为支撑，通过智能技术或设备高效整合分布于全球的学习资源和学习群体，构建智慧学习环境、研发智能化系统及产品，为每一位学生提供全面的学习支持服务，培养学习者的创新能力、批判思维能力、问题解决能力等高阶思维能力，培养智慧人才。随着物联网、人工智能、云计算、大数据和无处不在的移动网络等为代表的新一代互联网信息技术的飞速发展，为智慧教育观的形成提供了技术支持，尤其是互联网教育中的 E-learning、B-learning 发展到移动学习与泛在学习的发展，使得互联网时代的学习者对信息化下的学习环境和学习方式的要求也越来越高，在教育信息化不断发展的进程中，智慧教育应运而生，智慧教育是互联网教育在朝教育信息化进程中发展到高级阶段的产物。在智慧教育过程中，学习者是自我导向的、是有自我内在动机的，学习过程是有趣的，学习过程是可定制的，学习过程也是有丰富资源支撑的。

2. 情境认知与学习理论

情境认知与学习理论是关注人们和环境相互协调的学习理论。其最核心的观点在于：学习者心理通常产生于构成和支持认知过程的环境中，情境是一切认知的基础，认知过程的产生与情境息息相关。因此，认知心理学必须关注"自然界中的认知"。互联网教育是个人学习和情境学习的统一体，尤其是随着虚拟现实、物联网、大数据等信息技术加入教学环境的构建中来，互联网教育更加注重知识的实际应用和真实情景问题的解决。在以计算机网络技术为支持的学习环境中，学习者可以利用庞大的教育资源库、计算机提供的强大的功能和网络提供的通信能力来构建一种理想的学习环境，使学习者能够在更友好的环境中强化认知过程，实现个人的自由发展。

3. 个性化教育

个性化学习是指在对教育对象的综合分析和诊断的基础上，根据每个学生的现有个性，量身定制教育目标、教育计划、教育培训方法和管理方法，充分发挥每个学生个性发展的教育方式。个性化教育理论认为，教育承认个体之间千变万化的个性化差异，在此基础上进行教学设计和学习系统设计，教育不是千篇一律的。而互联网教育背景下体现个性化的教学模式本质是在尊重个性的基础上对教学方式的创新和实践。根据个性差异提供人性化教学服务，使每个个体的潜能都能得以充分发挥。

信息社会教育的目的是人的个性化的全面发展，培养有家国情怀的创新创造型人才。在互联网信息时代，以 3D 打印技术为代表的新技术标志着信息时代突出个性化的时代特征，为此，未来的教育也向个性化教育发展。互联网教育中将以更先进的技术手段、更人性化的教育理念、更丰富的教育资源来实现个性化的教学。

（二） 网络智能教学模式构建的现实依据

1. 未来教学的发展趋势

未来的教学是各种互联网及信息技术设备相互协调工作的开放集成式的工作平台，是智能化的教学交互空间。智慧教育是互联网教育背景下教育的高级形态和必然趋势。在互联网教育背景下，教育的核心是以移动互联网、物联网、大数据和云计算四大技术为支撑，通过智能技术或设备高效整合分布于全球的学习资源和学习群体，构建智慧学习环境、研发智能化系统及产品，为每一位学生提供全面的学习支持服务，培养学习者的创新能力、批判思维能力、问题解决能力等高阶思维能力。目的是促进互联网教育背景下教育的变革，发展学习者的智慧，培养创新型人才、智慧人才。

2. 教育变革实践的需求

现代信息技术在为教学提供技术支持的同时，也为传统教学模式与方法的改革与创新提出了新要求。信息技术在教育教学中的应用并不是简单地利用现代教育技术手段代替"教师+黑板"的传统教育教学方式，以实现教学内容形式的丰富和教学手段的提升，更重要的是教师要将信息技术真正融入教育教学过程中，实现信息技术与学科的双向深度有效融合。将信息技术应用于教学实践，可以促进教育思想与观念的改变、教育内容的丰富以及教学模式与方法的创新，从而实现信息技术与学科教学之间的双向深度有效融合。因此，互联网教育背景下的教学模式与方法创新需要我们对信息技术变革教学实践持有正确的观念，准确把握创新的最终目的与根本任务。

3. 异地为主的泛在学习

学习者通过大规模的网络在线课程、通过网络视频教学系统、多终端同步智慧教学平台等实现异地的泛在学习，学习者可以在任何自己方便的时间、适合的地点，观看并参与教师的教学，尤其是能与教师和教室里的学生进行实时的互动。网络智能教学模式不仅可以对本地的学生进行教学，而且可以对互联网终端的很多学生进行同步教学，互联网终端的学生还可以实现学生与学生之间的互动。

（三） 网络智能教学模式的构建

基于上述网络智慧教学的理论依据和现实基础，结合智慧学习教学系统和互联网异地多终端教学实际，构建互联网智能教学模式。

互联网智能教学模式的构建主要有以下三个模块。

1. 多终端同步视频互动教学平台

多终端同步视频互动教学平台可以实现所有的终端如同传统班级一样在一起同步上课。每个学习终端相当于班级授课中一个物理意义上的学习小组，各个学习小组都可以同步接收教室授课终端的授课内容，各个异地学习终端之间还可以相互交流。教师可以通过教学平台同步看到所有的学习个体和学习终端的学习情况，学习者也可以通过自己所在的学习终端看到教师的授课视频。此外，学习者与学习者之间也可以通过自己所在的学习终端相互观察，发生互动。教师和异地学习者、异地学习者之间通过网络互通，如同面对面的授课一样，所有的学习终端都能同步看见、听见教师的讲课或学生的发言，所有的学习终端都可以实现相互之间参与互动。

2. 智慧教学资源分析与推送平台

教学资源智能分析与推送平台主要包括智能分析与导航、个性化推送、动态资源汇聚与策展等部分。是对基于对学习者个性、学习者特征、学习课程、学习目标任务的了解：提供的学习资源推荐、学习路径选择、学习过程困难指引等服务，真正做到智能分析与推送的相关性、自主性和及时性。在学习之前，通过量表对学习者的性格、心理等各方面的素质进行测试，以表格、图形等生动直观的形式展现出来，参照标准进行比对，进行智能分析。学习过程中，在数据采集、挖掘、分析和聚合的基础上，根据每个学习者的情况，用数据化和学习需求动态结合的模式，对每个学习者实现基于个性化学习的路径引导。在具体的学习过程中，学习跟踪引擎针对每个学习者量身打造和整合内容，让学习者能在自己喜欢的地方、以自己喜欢的步调、符合自己智能类型的方法学习，还可以帮助学习者依据知识点之间的知识网络，主动选择意义建构的资源学习。

利用学习者在学习中留下的数据进行分析，深入地观察学习者现有的知识结构和学习需求，及时分析评价学习的效果，并对学习效果进行反馈，对学习者的学习过程进行跟踪。按需推送，根据学习者的偏好和需求，进行个性化资源推送；根据学习者的现有学习基础、学习的需求，进行学习任务、学习项目和学习内容的推送；根据学习者在学习中遇到的困难和需求，适时推送个性化的学习服务，如帮助解决疑问，提供学习指导路径、学伴、学科专家等，回应每个学习者的个性化需求，保持学习者学习的积极性。

3. 情境感知智慧学习平台

在智慧学习环境下，通过情境感知智慧学习平台，利用情境感知技术以及各类传感器等，可以实现对外在学习环境与学习者内在学习状态的感知，进而依据情境感知数据自动地为用户提供推送式服务。情境感知智慧学习平台还可以实现无缝衔接。如实现教育管理者、教师和学生之间的无缝对接；学习者与学习资源、学习支持服务之间的无缝对接；教师与教育管理者、教学资源、多个学习终端之间数据无缝对接等。

情境感知智慧学习平台通过电子书包实现智慧学习实践，无缝衔接学习者的不同学习情景。其中，教师端和学生端的主要功能有以下几个方面。

（1）智能学习平台的教师端功能

第一，用户鉴权：根据用户输入的用户名、密码判断用户合法性，读取用户所属班级等属性。

第二，选择班级：用户选择本次课堂教学班级。

第三，系统抓屏：教师可抓取教师机当前屏幕内容，并推送到学生端。

第四，课堂客观题练习：教师在教学过程中，可启动答题功能，学生利用电子书包进行客观题解答，并提交到教师端，系统可实时自动分析本次课堂练习情况，给出总体答题情况、阶梯分数、答案分布、每题作答明细、答题错误率、答案占比情况等分析结果。

第五，课堂主观题练习：教师在教学过程中，可将主观题目采用截屏的方式发送到学生端，学生采用手写答题，教师端接收到学生答题后，可直接查看，当堂点评。

第六，同步数据：将电子教材等资源从云端同步到教师机，学生端下载教材资源时，可利用局域网直接从教师机下载，降低对互联网带宽要求。

第七，资源推送：教师可在教学过程中，将优质学习资源通过教师端向学生进行推送，供学生进行课前预习、课后复习。

第八，课堂交流：可实时查看学生举手状态及本次课堂举手次数，接收并显示学生课堂发言，具有小红花功能，教师可根据课堂教学情况向学生奖励小红花。

第九，学生端锁屏：教师在课堂教学过程中，可按需锁定学生端屏幕，使学生能够专心听讲。

（2）智能学习平台的学生端功能

第一，电子教材：根据学生属性，显示本学期教材目录，学生可从云端平台下载教材，并点击阅读。

第二，同步练习：教师利用服务平台向学生推送教学同步练习，加强学生对各知识点的掌握。

第三，课后作业：接收教师通过服务平台布置的课后作业，完成作业提交到服务平台由教师进行作业批改。

第四，学习资料：接收教师推送的学习资料，进行课前预习及课后复习。

第五，课堂互动交流：支持举手功能，可向教师端发送文字信息，进行课堂互动交流。

第六，智能答题：接收教师课堂教学过程中推送的题目，并在答题区进行答题，答题完毕后将答案向教师端推送。

网络智能教学模式既能实现丰富的学习资源共享，也能实现同步和异步的文字交流，又能实现多向视频同步教学和实时互动，为学习者提供了较好的信息交互与共享、彼此沟通与协作、共同探究与提高的互联网学习环境与平台。它既保留了教学资源共享、在线答疑等精华，又增添了智慧学习理念指导下创建的多终端同步视频互动课堂教学环节，同时创造性地发挥了智慧学习平台的优势。网络智能教学模式将多终端同步视频互动教学平台、智慧教学资源平台、情境智慧学习平台有效地加以综合利用，共同服务于互联网教育教学。

对于互联网教育背景下的教育模式变革来说，个性化人才培养模式创新和创新人才的培养是其基本任务，也是实现中华民族伟大复兴的必要方式。因此，网络智能教学模式是从理论和实践两个角度出发，在宏观层面上发展教育信息化推进以及利用信息技术构建学思结合、知行统一、因材施教的创新人才培养模式的策略方法。

第二节　互联网时代高校教育管理模式应用

一、互联网教学资源在高校教育管理中的应用

教学资源是指各种各样的媒体环境与一切可用于教育教学的物质条件、自然条件及社会条件的总和。具体来说，教学资源则包括教学资料、支持系统、教学环境等组成部分。教学资源是以保证教学活动正常进行为基本功能，具有支持教学和提高教育效果的功能。教学资料指蕴含了大量的教育信息，可以创造出一定教育价值的各类信息资源。信息化教学资料指的是以数字形态存在的教学材料，包括学习者和教师在学习与教学过程中所需要的各种数字化的素材、教学软件、补充材料等。

（一）网络教学实现的目标

突破传统的课程教学讲授模式，借助网络教学资源的多样化、现代化，使教学支持模块化课程内容，增强教学内容的灵活性和实用性，将知识和技能有机地融为一体。利用网络资源，实现教学过程满足学习基础不同、发展需求各异的学生的需要，突出其实践性和

灵活性的特点。

（二）网络教学资源的优化

网络教学资源的应用和开发充分展现了现代计算机网络技术及资源信息共享的优势，把计算机技术的智能化、多媒体化、实时化优势发挥到极致，使得其具有传统教学模式所无可替代的优势，符合高校教学改革的主流。构建网络教学资源平台有利于教师利用网络资源组织教案，更好地进行教学，使教学具有较强的互动性，为教学质量的提高奠定坚实的基础。

利用网络资源改善教学资源学习环境，是现代教学的必要手段。高质量的网络资源是提高现代教学质量的重要教学基础，这事关教学成败。同时，网络教学资源的建设也是一个长期的、反复的、与时俱进的过程，需要时刻依托于计算机新技术进行管理和更新。

（三）网络教学资源的实现

网络教学资源的实现涉及具体学科资源、技术支持等问题，是一项复杂而长期的系统工程，其包含网络教学资源管理平台的建设和网络教学资源本身的建设两个方面。

利用网络资源教学的巨大优势在于教学资源信息的共享。教师通过搜集与教学内容相关的各类教学资料，制作适应本课程教学计划的课件，同时也可以共享至网络，为其他需求者提供有利的资源。

1. 网络教学资源管理平台的建设

由于各教学学科知识更新的加速，教学资源的丰富速度也必须跟上步伐。实现这个目标就需要一套完整的制度，确保网络教学资源建设的有序开展。高校应该制定相应的规章制度，将网络教学资源建设作为学校的日常工作。

网络教学资源管理平台必须构建有效的教学行为和教学管理行为。教师作为教学活动的直接执行者，在教学活动中起着主导作用，主要完成教学活动设计、教学开展等具体的教学工作。学生作为教学活动的主体，应积极实现各方面的学习行为。例如，现在高校中都在建设使用的数字化教学平台，实现了教师和学生的远程互动教学，教学距离远了，但教学面拓宽了，师生互动变得更加方便和有效。因此，网络教学资源建设平台必须实现教师和学生的各类教学行为，保证在网络环境下教与学有效地实施与结合。

网络教学资源有诸多形式，因此其管理平台系统的建设也应着重对不同类型的资源进行高效管理，同时更应在此系统上对资源的应用进行有效的管理。

2. 网络教学资源建设

网络教学资源建设一般由专业的计算机技术人员或学院一线专任教师来制作。由专业计算机技术人员制作的资源内容形式多样，资源建设标准美观，但不足之处是对教学资源等内容缺乏了解，导致资源建设不能有效地符合教学需求。而由学院一线专任教师建设的资源虽然解决了上述缺点，但弊端是缺乏相应的计算机技术及多媒体应用技术。因此要求学院一线专任教师和计算机专业技术人员相互配合，高效地建设网络资源。

为了保证教师和学生有效且高效地利用网络资源，必须依托计算机新技术，使网络教学资源内容通过一定的方式进行有效的组织和管理。在网络教学中应发挥教师的主导作用，坚持以学生为主体，支持各种形式的教育模式。网络资源要与教学内容紧密结合，使其真正符合实际教学需求。

网络资源在教学中的广泛应用改变了教学过程中教师与学生的地位，教学方法也发生了巨大的变化。利用计算机新技术构建网络教学资源不能改变教育的最终目的，其目的仍然是促进学生的发展，因此一定要把学生的发展作为衡量网络教学资源有效性的核心标准。学生学习能力不尽相同，这就要求在教学中要充分体现学生的主体地位，根据学生不同的要求，利用计算机相关技术适时调整教学资源，以满足不同层次学生的学习需要。高校可以利用计算机技术，调控网络教学资源的建设与学生的学习活动，实现对网络教学资源的动态调控。

高等院校利用网络资源进行教学活动的目的是为师生提供丰富且易接受的学习资料，从而使师生能更方便、更有效地实现教与学的目标。网络教学资源的建设应以实际应用为导向，从教育教学的实际出发，不断地进行探索和丰富。

二、网络教育平台在高校教育管理中的应用

（一）在精品课程建设中的应用

根据教育部精品课程建设的要求，省级以上精品课程均须建立课程网站，作为公共资源向社会开放，以便资源共享。网络教学平台主要解决了教师如何将自己的课程资料传到互联网上的问题，它变分散管理为集中管理，教师不用再为每门课程制作一个网站，即使教师网页制作水平不高也能将课程资料传到互联网上了。

网络教学平台可以作为资源的载体，对分散的课程资源进行统一的建设和管理，以课程为单位将资源组织起来进行资源浏览、下载、上传、评价，便于师生查询和使用教学资源。一般认为，在网络课程学习环境中，学生开展了包括学习、评估和互动等多元化的学

习活动。好的网络精品课程在学习内容上进行模块化设计，学生根据自己的兴趣需求自主打造学习方案，更便捷地获得和利用教学学习资源，更为注重学生的学习过程，强调形成性考核，考核方式多样化，注重发展学习的趣味性和情感交互。

网络精品课程中师生交互的方式呈现多样化，除了电子邮件、通知公告、作业提交与反馈、在线答疑、课程论坛等，还出现了更多支持服务栏目如答疑集锦、短信平台、虚拟社区、文字聊天记录、博客等，有些课程还别具匠心地开发了一些与课程相关的小游戏，寓教于乐，处处体现了人文关怀。

（二）作为辅助教学手段

采用网络教学平台开发的网络课程可以作为学生自主学习和辅助教学的手段，主要有教材以外资源的展示、作业布置、单元自测、模拟考试、答疑、讨论等内容。网络平台的交互性使学生在学习中处于主体地位，学生可以根据自己的情况随时调整学习内容和进度，进行自主学习。这种学习方式使学生始终处于最佳状态，大大降低了学习的难度，激发了学生学习的兴趣。

由于理工科专业的性质，传统授课时教师需要书写大量板书、绘图等挂图以及笨重的教具，教学效率较低，搬挪教具极为不便。例如，机械设计基础课程在讲诸多平面连杆机构的演化和运动特性内容时，若仅仅依靠课本，不管是文字、图形还是举例，学生所接触的、看到的都是静止的东西，空间思维能力好的学生勉强能理解，而对于那些空间思维能力比较差的学生来说，他们通常会感到茫然不解。针对这一情况，教师可以采用多媒体结合网络教学手段，针对网络教学资源库补充大量的其他类型的演变机构，各类机构仿真及视频都能按照各自的运动规律进行运动，这些教学资源更有利于学生课后的强化理解。在此基础上，教师通过网络互动平台再做进一步的归纳总结，这种教学手段让学生真正感受到各种机构的运动过程，使学生对四杆机构的急回特性、死点位置以及各种机构在生产、生活中的应用一目了然。由此可见，网络教学平台在授课时能发挥极大的作用。

网络平台教学资源丰富，通过网络教学平台建设，一方面给学生提供了大量的教学资源，解决了教师上课时遇到的很多问题；另一方面培养了学生的信息素养、自主学习能力、协作学习能力以及运用现代教育技术学习的能力，拓宽了学生的知识视野，最重要的是增强了学生对本门课程的学习兴趣、热情和参与程度。

学生可以利用网络教学资源进行自主学习。由于网络能为学生提供丰富多彩、图文并茂、形声兼备的学习信息资源，因此学生便可以从网络中获得学习资源，这些信息资源不仅数量大，而且是多视野、多层次、多形态的。与传统教学中以教师或几本教材、参考书为仅有的信息源相比，学生有了很大的自由选择空间，选择的自由是自主学习的前提和关键。学习者不再是知识的被动接受者，而是知识的主动建构者。学习者可以根据自身的需要，自主地投入学习，从而进一步激发学习兴趣和学习自主性。这种学习方式使学生始终处于最佳状态，大大降低了学习的难度，增强了学生学习的兴趣。

传统教学在很大程度上束缚了学生的创造力，各种教学活动都是把学生置于共同的影响之下，让他们读相同的教材，听相同的讲授，参考相同的资料，用统一的内容和固定的方式培养人才，这使得学生的个性得不到充分的发挥，学习需要不可能完全地获得满足。网络教学可以进行不同步的交流和学习，学生可以根据教师的安排和自己的实际情况进行学习，克服传统教学中的人为的同一现象。学生与教师之间可以通过网络交流，在学习进行的过程中就能及时地了解到自己的进步与不足，及时按要求调整学习。利用网络可以在任何时间进行学习或参与讨论，从而实现真正的个性化教学。

网络教学中以网络为媒介进行的交流，可以使教师与学生之间在教学中以一种交互的方式呈现信息，教师可以根据学生反馈的情况来调整教学，学生不仅可以和自己的任课教师进行交流，而且可以向网络服务提出问题，可以发表自己的看法。这样可以使学习者主动参与到网络学习活动中去，从容不迫地发表见解，充分调动了学习者的积极性。实时交互的顺利开展，对保证学生学习的有效性和教学活动的有序性起到非常重要的作用。

评价及考核是一种督促学生学习的手段，其真正目的是让学生更好地掌握所学知识。网络平台中作业与测评系统为学生提供了在线练习和测验的空间。网络教学平台的介入，为实施多种方式的学习评价提供了可能。在教学过程中，利用基于网络教学平台的学生互评、小组互评、自评、教师评价等多种评价方式，可以使学生对自身的优缺点有更进一步的了解，继而找到自我提升的方向。教师可通过该模块随时随地掌握学生对知识点的掌握情况，并以此为依据对课程教学做出评价和修改。授课教师将作业习题按照章节、难易程度和题型类别存放在作业库中，学生可以根据课程进度在线完成相应的作业习题，但在提交作业过程中基于平台窗口操作的复制、粘贴功能，抄袭他人作业变得轻松容易，作为教师也拿不出有力的证据对他的成绩进行评判，因此对于教师来说成绩评定较难。还有部分同学登录的次数虽然少，但作业完成得较好；与之相反，虽然部分同学登录次数多，在线讨论的问题也多，但作业完成得不理想，教师在评定成绩时无法完全实现公平。另外，针对简答类的在线测试，部分学生看见题目后，第一反应就是在线寻求帮助，在网络中寻求答案的现象比较普遍。

网络教学平台的应用，增加了教学方式的多样性，提高了学生的学习兴趣和学习质量，有利于对学生现代教育技术能力的培养。当然，在教学过程中利用此平台也存在许多问题，受学校教学条件或自身经济条件的影响，部分学生不能保证时常登录到平台中进行学习，经常会错过与大家一起交流和解决问题的时机。在初始教学过程中须采用评价机制，如登录次数、登录时间、提出问题的次数、解答他人问题的次数、在线交流参与的积极性、是否及时完成活动任务、优秀作品的个数等，以此来激励学生学习，否则学生不能集中注意力到网络教学中来。由于网络教学平台访问量较大，很多时候教师不能及时解答学生提出的问题，多数学生认为如果所提问题不能及时得到答案，久而久之将失去在线学习的兴趣，积极性也会慢慢淡化。

网络教学平台的设计、开发与应用，很好地解决了现代远程开放课堂教学因时间和空间限制而不能有效地进行师生双向互动活动的问题。但这并不是说教师在网络教学中的作用淡化了，在网络教学的探索阶段，教师的作用将更为突出。随着高校改革的深入，各高校今后应进一步强化网络教学的应用，从而加快新思维、新观点的诞生，充分合理地挖掘及有效地利用网络教学的优势。但是，网络教学平台中的一些弊端在今后的教学中也是不容忽视的。

(三) 在网络教育中的应用

我国的网络教育、网络大学的教学形式，就是将课程资料经过多媒体改造后通过互联网发布，学生通过各自的浏览器进行课程学习。它的主要工具就是基于 Web 的网络教学平台。教师把互联网作为教学媒体，传送教学内容，实施教学管理，并进行网上测试和网上交流。网络教学平台为教师和学生提供了一个多层次、立体化的教与学的互动空间。通过强大的学生学习情况跟踪、评价及学习效果分析工具，教师可以及时获得网上教学或日常教学情况的反馈，以便对教学工作进行必要的调整。

三、社会教育在高校教育管理中的应用

(一) 微课在社会教育中的应用实践

如今人们获取知识的方法和途径很多，智能手机、移动网络等移动媒体在教育中的应用，使得课堂、课后的学习越来越便利。任何人可以在任何地方、任何时间从学习内容的任何地方开始学起，提高了零散时间的利用率，但这种学习的时间也不宜太长，适合"微"内容的学习。另外，从学生在课堂学习的注意力保持度来看，虽然年龄不同注意力的保持时间不一样，但是基本上人高度集中精力学习的时间也就在 10 分钟左右。因此，根据学生学习的特点，将教学内容碎片化，这样便产生了跨应用平台的微课。

对于微课的概念，不同的专家学者的观点各异，但大体意思都差不多。在此引用著名教授张一春的观点：微课的学习方式是自主学习，目的是达到最佳效果，设计是精心的信息化教学设计，形式是流媒体，内容是某个知识点或教学环节，时间是简短的，本质是完整的教学活动。因此，对于教师而言，最关键的是要从学生的角度去制作微课，而不是站在教师的角度去制作，要体现以学生为本的教学思想。

微课的核心组成内容是课堂教学视频，同时还包含与该教学主题相关的教学设计、素材课件、教学反思、练习测试以及学生反馈、教师点评等辅助性教学资源，它们以一定的组织关系和呈现方式共同营造了一个半结构化、主题式的资源单元应用小环境。因此，微课既有别于传统单一资源类型的教学课例、教学课件、教学设计、教学反思等教学资源，又是在其基础上继承和发展起来的一种新型教学资源。

1. 微课的优势

（1）教学时间较短，教学内容较少

教学视频是微课的核心组成内容。微课的时长一般在 10 分钟之内。因此，微课可以称为"课例片段"或"微课例"。相较于传统课堂，微课的问题集中，主题突出，更符合教师的需要。

（2）资源组成、结构、构成情景化

微课的资源使用方便。微课选取的教学内容一般要求主题突出、指向明确、相对完整。它以教学视频片段为主线统整教学设计（包括教案或学案）、课堂教学时使用到的多媒体素材和课件教师课后的教学反思、学生的反馈意见及学科专家的文字点评等相关教学资源，构成了一个主题鲜明、类型多样、结构紧凑的主题单元资源包，营造了一个真实的微教学资源环境。

（3）主题突出、内容具体

一个课程就是一个主题，或者说一个课程一个事儿。研究的问题来源于教育教学具体实践中的具体问题，或是生活思考，或是教学反思，或是难点突破，或是重点强调，或是学习策略、教学方法、教育教学观点等具体的、真实的、自己或与同伴可以解决的问题。

（4）成果简化、多样传播

因为微课内容具体、主题突出，所以研究内容容易表达，研究成果容易转化。因为课程容量微小，用时简短，所以传播形式多样。

（5）反馈及时、针对性强

由于在较短的时间内集中开展无生上课活动，教师能及时收到他人对自己教学行为的评价，获得反馈信息。相较于常态的听课、评课活动，微课具有即时性。由于是课前的组内预演，人人参与，互相学习，互相帮助，共同提高，在一定程度上减轻了教师的心理压力，不会担心教学的失败，而评课人也不用顾虑评价会得罪人，相较于常态的评课就会更加客观。

2. 微课的意义

在现代信息化技术高速发展及教育改革的大背景下，微课教学的推行有着深远的现实意义。

（1）从学习的主体——学生方面来说

微课方便学生随时随地学习，使得学生在课外进行自主学习成为可能。微课的知识点相对集中，学生完全可以按照自己的兴趣和需要进行针对性的学习，从而学有所得，乐在其中。在教育改革中突出了减轻学生负担这一要求，微课教学很好地践行了这一点，小而微的教学模式改变了传统课堂的大而全的教学形式，实现了着力突破教学中的重难点的目标，让学生的注意力集中于某一知识点，提高了学生的学习效率并优化了学习效果。微课主要采用视频形式，原因是视频教学具有画面生动形象的突出优势，相对于其他媒体方法，视频教学更利于学生的理解与记忆，在视频媒体的辅助下，微课教学也使得学生可以实时反馈，通过评论等方式来及时表达自己在学习中遇到的难题以寻求帮助，同时可以就某一知识点在网络上发表自己的见解和体会，还可以形成学生之间、学生与教师之间在线上的交流与探讨，帮助学生养成良好的学习习惯，提高其学习能力。

（2）从教学的主体——教师方面来说

微课的优点很明显，就是课例简单，学习内容与目标单一，节约了学习和研究的时间，教师从微课中可以受到启发，有些甚至可以照搬或者迁移到自己的教育教学之中。微课教学方便了教师之间的交流，教师之间可以相互借鉴、相互学习、博采众长，形成了良好的教育教学机制，提高了工作效率。教师通过观摩他人微课教学的案例去发现新的教学点，弥补自己课堂教学中的不足，达到取长补短的效果。在教师专业成长方面，微课有利于教师专业水平的提高，让教师在细节中追问、思考、发现问题，成为学生学习资源的开发者和创造者。进行微课教学其实也是教师的一个自我反思的过程，在不断地反思中帮助教师不断成长。

（3）从教育课程架构方面来说

微课强调以学生为中心，学生在学习过程中具有更多的主动权，但这并不意味着学生可以完全离开教师的指导进行探究。事实上，在整合的过程中，教师要扮演内容的呈现者、学习的帮助者和课程的设计者等多重角色，教师对学生的学习控制和学生的自主活动之间要达到一种平衡状态。教师要为学生创建良好的学习环境，根据学习过程的需要，为学生提供不同形式的支架，不断引导学生的思维，帮助学生顺利穿越最近发展区，获得进一步的发展。同时微课对学生日后的探究性学习也起到潜移默化的引导作用，使得学生能够根据实际的需要寻找或构建支架以支持其学习。

3. 从教育自身来说

现在的微课浪潮是对之前视频实录课堂的反思和修正，是在其基础上的一次飞跃。由于微课视频教学具有传播速度快、录制程序简单等方面的特点，微课教学不仅能够实现区域内的资源共享，同时能够实现全国范围内的交流与应用，提升国家整体教育教学水平，对于促进教育公平，实现我国教育事业的又快又好发展具有深远的战略意义。围绕教育治理体系建设、教育治理能力提高，深化教育领域综合改革。通过深化教育领域综合改革，实现教育事业科学发展。通过实现教育事业科学发展，更好地促进教育公平、优化教育结构、提高教学质量。通过促进公平、优化结构、提高质量，更好地为打造中国经济升级版提供强、全面建成小康社会提供强有力的人才支撑和智力支持。可以说微课教学是教育领域的一次巨大革新，为教育改革注入了新鲜的血液，对实现教育事业的科学发展、优化教育结构、培养新型人才具有深远的意义。

4. 微课在社会教育中的应用

微课与青少年阶段的学习相比，成人学习被认为具备不同的特点：具有独立的自我概念，能够指导自己的学习；积累了丰富的生活经验，这些经验是其后续学习的资源；具有学习需要，这些需要与改变自我的社会角色密切相关；以问题为中心，希望能立即运用自己所学的知识；学习为内在动机所驱动，而非外在因素。这五个基本假设很好地揭示了成人学习的特点。除此之外，成人学习者还具有以下一些特点：工学或家学矛盾突出；学习的同时具有很强的社交动机，并能够将同伴作为重要资源；学习者背景多元化，学习动机也多元化。成人学习者的这些特点，是慕课和微课在成人教学中应用的主要依据，也是成人教学改革的前提。

相对于基础教育和青少年学习来说，微课更适用于成人学习和教学。微课视频方便学习者利用移动设备随时随地进行观看，能够帮助学习者充分利用碎片时间，在一定程度上缓解了成人学习者的工学矛盾和家学矛盾。微课视频的日益增多，让学习者在学习内容上有了更多的选择，满足了学习者对学习内容多元化的需求。

成人教育长期以来一直受困于成人学习者学习需求旺盛而成人教育机构自身资源不足，国家在成人教育方面存在缺乏生均投入、成人学习成果社会认可度低等问题。为此，在前面论述的基础上对微课在社会教育中的应用提出以下几点建议。

（1）加强成人教育的师资队伍改革与建设

由于成人学习需求的多元化以及成人学习内容的广泛性和易变性，成人教育的专职师资队伍建设应当以教学设计能力而非学科与专业能力为核心能力。专职教师队伍应当具备较强的信息技术应用能力，能够针对成人学习的需求，借助信息技术和兼职专业教师快速进行教学设计，开发微课资源。因此，要提高成人教育教师的教学设计能力和信息技术应用能力。

（2）加强成人高校的教学改革

成人高校应针对成人学习者的特点，利用已有的慕课课程，或开发设计相应的微课视频资源，通过在线学习、翻转课堂等形式，给予学习者更多时间和空间上的灵活性。

加强移动端应用的开发。随着移动互联网的兴起，成人高校应将微课资源发布到移动端，将移动端应用融入社交元素，利用移动端应用程序建立教育机构和学习者之间的联系，促进学习者之间的交流、学习者与教师的交流以及学习者与教育机构的交流，从而为学习者提供更多同伴资源，增强学习者的身份归属感。

（二）慕课（MOOC）在社会教育中的应用实践

1. MOOC 的本质内涵

（1）基本内涵

MOOC 是 Massive Open Online Courses 的缩写，中文意思是大规模在线开放课程。从理论上讲，Massive（大规模的）是指对注册人数没有限制，用户数量可过万；Open（开放的）是指任何人均可参与，并且通常是免费的；Online（在线的）是指学习活动主要发生在线上；Courses（课程）是指在某一研究领域中的围绕一系列学习目标的结构化的（Structured）内容。MOOC 体现着技术和文化的融合正围绕着数字化学习（E-Learning）产生新的能量。MOOC 技术主要包括高质量的编辑视频、数据采集与分析、带有社交功能的授递平台，使得基于网络的教学相比过去更加有效，更具规模。从文化角度来讲，MOOC 是秉承一种基于网络的交流、协作和知识发现的学习文化。可以说，MOOC 既代表着一种新型技术系统，也蕴含着一种新型的教学范式。

（2）本质特征

①开放式在线访问：开放是 MOOC 的首要特征。开放代表着公开、民主和自由的学术精神。即便学习者在人口、地域、经济和文化等方面存在差异，知识应该是为人类共同创造和共享的，每个人的学习愿望都应该得到最大限度的满足。因此，开放性除了具有共享之义，还包含对资源重复利用、修改和传播的权利。比如，开放软件一般是指具有现成可

用的源代码，由用户根据自己的目的加以修改的软件，或者是由代码编写志愿者构成的社区共同支持不断改进的软件。

②大规模参与是 MOOC 开放性的具体体现。由于 MOOC 平台一般不限制注册人数，来自世界各地的学员可以自由参与到自己偏爱的课程活动之中。

③真正精品化的微课程资源：就目前主流 MOOC 平台来看，核心的课程资源以短小的课程视频为主。这些微课程的主讲教师大多由一流学校的名师担任，名师效应成为 MOOC 风靡时下的重要动因之一。许多课程视频中还内嵌一些小测验，帮助学习者即时评估学习效果。学生能够对这些短视频进行步调控制、暂停、回放等操作，对相关内容进行探究与重新利用。由于学习者注意力保持时间大约在 10 分钟，因此，5~15 分钟的短视频还迎合了学生保持注意力的最佳时长需求。

设计良好的短小视频可以很好地突出重点、要点和难点，可以降低认知负荷，提高学习质量和效率。如果在短视频中穿插习题测验、仿真实验操作、程序代码编写等互动检测，为学习者提供检索式学习的机会，在短时记忆中频繁回忆和加工信息，会极大地增强学习效果。此外，这些内嵌式测验，还可以调用自动评分系统为学习者及时呈现反馈信息。MOOC 平台还整合了社交网络、在线论坛、视频会议，甚至维基百科，将专家、导师、学伴联结起来，深深地吸引着每一位学习者参与其中，从而获得较强的目标感、归属感和成就感。

④基于大数据的分析与评估：伴随着超大规模的学习访问、全球范围的协作交流和动态创生的信息资源，MOOC 教学必然产生复杂的大数据，这些海量的实时学习数据都将被 MOOC 平台记录在案。MOOC 学习过程中不仅要观看视频和回答问题，学习者还要利用社会网络、论坛、博客与教师或他人进行交互，从而留下了又长又多的数据痕迹。接着，需要利用技术对大数据进行分析处理，让数据开口"说话"。大数据分析能够揭示出在传统教育的经验模式中所无法检测出来的趋势与模式，有助于洞察人是如何学习的，学生理解了什么，没有理解什么，什么原因导致学习者获得成功等关键问题。智能分析，旨在对学习者所产生的大范围数据中的"隐含意义"进行挖掘，为评估学术过程、预测未来表现和发现潜在问题等方面提供服务。

（3）基本类型

人们通常根据不同学习理论基础将 MOOC 分为三类：基于内容的 MOOC 以行为主义学习理论为基础，强调对知识的传播与复制；基于社会网络的 MOOC 以联通主义学习理论为基础，强调对知识的联结与学习网络的创建；基于任务的 MOOC 以建构主义学习理论为基础，强调对复杂技能的掌握。

目前，由于 xMOOC 保留了常见规范性课程的基本要素，如学习大纲、知识讲授、章节练习、练习反馈等，比较符合主流的课堂教与学的行为模式，因此，xMOOC 是目前全球普遍采用的慕课形式。

2. MOOC 的未来展望

（1）构建新的网络课程文化

大规模开放网络课程作为一种文化现象，隐遁其中的信念、范式、规则、传统、行为模式、文化符号及文化制品，需要受到学习者和其他利益相关者的尊重和认同。MOOC 的基本信念是"将世界上最优质的教育资源，送达地球最偏远角落"。为此，MOOC 机构召集了全球最优秀大学的教师担纲授课，制作包括短视频在内的精品资源，供任何人免费开放地访问使用和传播，并且没有人数限制。大规模参与式学习会产生大量数据，它们可被用作评估学术过程、预测未来表现、发现潜在问题和实施教学干预的重要依据。因此，精品资源、开放访问、大规模参与、大数据分析、全球协作成为 MOOC 的文化标签。

（2）以核心知识为主线的课程设计

课程内容组织与学习资源设计的逻辑顺序始终围绕学科领域内的核心概念，即"大观点"进行有序展开。比如，每节课的教学内容可以围绕着一个中心概念、一条原理或定律进行设计。但是，在设计这节课时，需要重点把握这节课与上节课、下节课内容之间的衔接关系，增强课与课之间的逻辑性、连贯性和整体性，以便学习者在正式学习时能够将这些看似孤立的短课内容关联起来，形成具有活性的知识网络。

（3）建构新型的教与学模式

模式是依据一定的理论基础，表现现实活动和过程的一种模型或形式。一种模式蕴含着某种理论倾向，代表某种对象的活动结构（静态）或过程（动态）。乔伊斯认为，教学模式就等于学习模式，两种模式只是代表不同视角而已。学习模式专注于学习者做什么事情，教学模式专注于教师或其他人能够做什么事情来帮助学习者学习。学与教的模式试图考查促成学习的全部要素，并通过在具体学习情境中易于操作的系统方式把它们组织起来。

目前，翻转课堂学习模式已夺人眼球。该模式重新安排了课内和课外的学习时间和学习内容，将知识讲解与个体建构主要放在课外，将知识内化和社会协商主要放在课外，真正让学习权从教师身上转移到学生身上。由于课外时间较为充裕，便于学习者根据学习风格和认知特点合理安排学习内容，表征形式和学习进度，以增强学习的主动性、责任心和控制感。在课内，他们将课外学习中的收获体验与教师和同伴分享，通过共同活动在个体之间激活、共享与交换默会知识。此外，课内时间还可用于更加积极的项目式学习，引领学习者一起解决局部性或整体性挑战，以深化对学习主题的理解。

（4）建构系统化的深层次学习分析

学习分析就是利用与学习者相关的多种数据，借助多种算法和模型，精准地分析学习模式、学习偏好和行为绩效，并能分析出潜在问题，以便更好地为学习者提供高质量、个性化的学习支持与服务（如学习路径推荐、适应性内容推送等）。当学习遭遇困难时，系统还能及时提供相应的帮扶性措施和建议，让学习者几乎没有时间产生沮丧感和挫折感。由于 MOOC 平台记录着有关学习行为的海量数据，尤其需要利用新技术、新模型、新算法对这些大数据进行挖掘，找出隐藏于数据背后的深层次意义。显然，这是常见的简单统计分析难以胜任的。

（5）促成大规模互动与参与

大规模互动与参与是 MOOC 的显著特色之一，其基本的措施有：第一，MOOC 平台不限制注册人数，还提供了网络会面空间，为全球学习者大规模参与学习与互动提供可能；第二，MOOC 主讲教师的权威性、学习内容的精品性、学习时长的适切性、学习过程的自治性以及学习干预的有效性，都会对全球学习者保持较强的吸引力；第三，MOOC 设计力求做到网页导航清晰，操作简洁，核心概念组织有序，课程讲解流畅生动，这些设计要素有助于降低不必要的外部认知负荷，让学习者更加专注于学习内容和学习活动；第四，自动化评估、成长性测验以及个性化的学业报表，让学习者能够清晰地了解自己的学习状态，能够提高他们的认知水平。此外，还可以借助论坛、社交网络、维基百科创作等技术，构筑网络学习共同体，促进文化分享与社会协作学习。

（6）为公益事业注入成熟的商业模式

成熟的商业运作模式是 MOOC 可持续发展的重要保证。虽然多数 MOOC 机构坚持走公益路线，实行免费访问和使用，但从长远发展来看，MOOC 需要辅之以成熟的商业运作模式。目前商业模式主要有学分收费认证盈利、学位收费、职业推荐、版权许可、广告收费等。其中学分收费认证盈利及职业推荐模式备受关注。在 MOOC 变革的下一阶段，认证方式最有可能被广为采纳，认证学习将会成为 MOOC 的一种常态。

◆ 第六章　高等院校学生教育管理的创新实践

第一节　高校学生教育管理与学生时代特征相融合的创新

一、高等院校学生的时代特征

（一）高等院校学生的基本生理特征

1. 身体迅速发育

人的身高和体重，在生长发育过程中有两次高峰，第一次是从出生到 1 岁，体重增长一倍，身高增加比例为身体的 50%。第二次为青春期，身高每年增长 8 厘米左右，体重每年增长 4 千克左右。

2. 发达的大脑和神经系统

青年时期，人的智能高度发展，神经系统的形态和技能基本完善。人在青年时期逻辑思维能力很强，能够灵活运用概念进行推理和判断。

高等院校学生可以利用复杂的脑力劳动，独立进行思考和学习。他们的观察力、想象力、记忆力都很强，对社会现象有自己的思考和见解，求知欲强，喜欢接触新事物。

3. 性机能日渐成熟

高等院校学生处于性的成熟期。性激素作用于整个身体的发育，使骨骼和肌肉越发坚实有力，体格更加丰满匀称，针对高等院校学生成熟的特性，要格外关注这一时期。

（二）高等院校学生的基本心理特征

青年时期是少年向成人过渡的时期，高等院校学生具备以下心理特征。

1. 具有丰富强烈的情感

情感是对人或事物的感觉，是对客观事物刺激的反应。

（1）理智感、道德感和美感显著发展

理智感是智力活动中所产生的体验。求知欲和好奇心都是理智感，在学习中好奇心越强，理智感越强。道德感是根据社会道德评价别人和自己言行的情感体验，爱国主义和责任感、反感、疏远、尊敬、轻视都属于道德感。美感是人的审美体验，美感的发展与文化修养有关。高等院校学生欣赏美，喜欢音乐、艺术、美景，对内在美和外在美都很热爱。

（2）友谊感在高等院校学生的情感中十分突出

青年时期是人生的一个分界点。起初个人对家庭很依赖，友谊感并不强烈，伴随着思想的成熟，青年人越来越需要友谊，注重理想、爱好、性格的吸引，会互相交流和帮助。

（3）高等院校学生的情感具有外露性

青年人会很直接地表达自己的感情，有为理想和真理奋斗的激情。他们有时候情绪会很激动，难以控制，容易出现错误行为。当自己的心愿实现的时候，他们会情绪激动。他们把生活想象得过于美好简单，一旦遇到挫折就十分沮丧。

2. 认知能力发展迅速

（1）观察力的发展

观察是持续的、目的明确的直觉活动，观察力是透过现象发现本质的能力。高等院校学生的观察力发展得很快，观察力中的精确性和深刻性得到很大的提高。

（2）记忆力的发展

记忆力是大脑对所发生事情的存储能力。青年时期是记忆力发展最快的时期。高等院校学生有很多种记忆的手段，如机械记忆、意义记忆等，他们的记忆能力很强，课本的知识、社会的知识，大量的信息储存在他们的大脑中。

（3）想象力的发展

想象力是在原本知识的基础上创造新形象的能力。观察力和记忆力是想象力的基础。高等院校学生有丰富的想象力，对未来充满希望。

（4）思维能力的发展

抽象思维是思维活动最重要的部分，高等院校学生在思维的敏锐、深刻、批判和独立性上都有很大的发展，其思维从形式逻辑思维向辩证逻辑思维发展。

3. 自我意识得到发展

自我意识是自身对周边人和事关系的认识。

（1）自尊心、自信心和好胜心明显增强

随着知识的增加，高等院校学生的力量不断增强，希望受到别人的尊重，希望别人可以重视自己，对自己的知识和能力逐渐充满信心，喜欢肯定自己。在这一时期，学生喜欢展现自己的才华，对于学生的自尊心和自信心，应该积极地引导，使他们有一个积极健康的心态，积极进取，重视荣誉。如果没有正确的引导，会使他们有很强的虚荣心，变得孤立自傲。

（2）独立意向迅速发展

高等院校学生的智力和体力越来越强，个性变得更加独立。他们在小学和中学阶段在思想上和精神上对家庭有很大的依赖，但是到了大学阶段，他们会产生批判的心理，越来越表现出独立，对此要有正确的引导。

（3）自我评价和自我教育能力成熟

高等院校学生有很强的自我意识。他们不仅重视别人的评价，还重视自我评价。在对高等院校学生进行教育管理的过程中，要重视学生的自我教育。

4．社会心理逐渐成熟

随着各个方面的成长和发育以及与社会的交往面的增大，高等院校学生也越来越意识到人际关系的重要性。

（1）与家庭关系的变化

进入大学后，高等院校学生与家庭的关系也慢慢地有了质的变化。他们崇尚独立，对父母的思想敢于说"不"。随着自己知识的增长，他们自主支配自己行为的能力越来越强。

（2）与同龄人关系的变化

在与同龄人的交往上，良好的关系可以得到更好的经验和友谊。高等院校学生希望像小时候那样有集体的归属感，希望加入更多的团体，承担更多的社会责任，希望在团体中发挥更大的价值。

（3）与教师关系的变化

高等院校学生不再把分数看作衡量自己的标准，他们把教师看作朋友和前辈，和教师的关系不再那么密切。

5．形成自己的个性和意志，兴趣变得多样化

个性中体现了人的很多心理特征，高等院校学生有自己的理想和追求，进取心很强。高等院校学生的个性处于形成时期，善于模仿，在可塑性和模仿性不稳定的阶段，对高等院校学生进行正确的引导，可以帮助其形成良好的个性。

高等院校学生随着年龄、知识的增长，意志力不断增强，使他们可以战胜自身的弱点，支配自己的行为，取得成功。但是，高等院校学生的意志还没有定性，很容易冲动，很容易感情用事。

兴趣是积极探索某种事物的思想意识，是探求知识的动力。爱好是对某种事物有积极的倾向。高等院校学生在大学期间学习知识，与其兴趣爱好和未来的事业是有关联的，所学习的知识将来会应用到工作中，其对自己热爱的知识会持之以恒地学习。我们知道学生要对各科知识都有所了解，要做个知识丰富的人。高等院校学生脱离了家庭的管制，可以自由地支配自己的时间，为了满足学生的不同喜好，要开展不同的活动，使他们的精力向健康的方向释放。

6. 性意识开始成熟

高等院校学生处于人生的青年时期，性发育已经成熟，异性对他们有很大的吸引力。他们在意自己在异性心目中的地位，希望可以谈恋爱。现在高等院校学生谈恋爱的情况很多，除去青春期的原因，还有些是受外在环境的影响，与家长的鼓励也有关系。还有很多学生一心扑在学习上，希望"先成才后成家"。当然，在大学阶段，学生的主要任务是学习专业技能和钻研知识。

(三) 高等院校学生的思想特征

新时代高等院校学生理想信念的主流是健康向上的，思想很活跃，主要表现在以下几个方面。

1. 性格爱憎分明，有强烈的爱国情怀

新时代的高等院校学生出生在和平年代，他们爱憎分明，具有强烈的爱国情怀。

2. 思想独立，容易接受新鲜事物

新时代的高等院校学生经历了时代的变革，有思想、有个性，既喜欢传统的事物，又喜欢时尚，容易接受新鲜事物。

3. 人生态度健康，有崇高的社会理想

新时代的高等院校学生积极向上，有理想，开始规划自己今后的人生道路。他们维护国家利益和民族的尊严，孝敬父母，用行动表达对父母的爱；关心国家和国际上发生的事情，有积极的反应；当别人遇到困难时，愿意尽自己所能帮助别人。

4. 思想活跃，喜欢创新

现代高等院校学生生活在一个较为开放和民主的环境中，新时代的全球化潮流，使整个世界和村庄一样，紧密地结合在一起。随着信息技术的普及，尤其是互联网的发展，高等院校学生的接触面有所扩大。此时的高等院校学生心理发育还不是很成熟，对新事物缺

乏判断力，不再拘泥于过去的思维和形式，乐于接受新事物、新看法和新风尚，运用新的手段获取信息，对待一些问题他们有自己的处理方法。他们富于变化，但是很阳光，积极向上，这是这一代人的特征。

二、高等院校学生教育管理创新的含义、内容与路径

（一）高等院校学生教育管理创新的含义

高等院校学生教育管理创新是一个系统工程，既要考虑中国的基本国情，又要结合高等院校自身实际，既要适应社会发展的需要，与时俱进，又要考虑高等教育的全过程。

在实践创新方面，全国高等院校以贯彻落实学生管理新政策为契机，在实际工作中进一步解放了思想，更新了观念，不但确立起全新的高等院校学生教育管理理念，而且形成了全新的高等院校学生教育管理的原则和模式。

在管理原则方面，全国高等院校普遍确立起三条基本原则。

第一，始终坚持以人为本、以育人为本的管理指导思想和原则。《普通高等院校学生管理规定》是一个完整的制度体系，一条主线就是以育人为本，它以最大限度地发挥学校的教育功能为根本目的和出发点，通过管理育人、服务育人、制度育人的管理形式，全面贯彻国家教育方针，把维护、保障和发展学生权利作为学生管理的最高价值取向，努力促进学生的全面发展，从而顺利完成高等院校人才培养的使命。在高等院校，以人为本就是以学生为本，管理只是手段，不是最终目的，最终的目的在于培养学生。在管理过程中要充分尊重和肯定学生的主体作用，充分信任学生的智慧和潜能，充分激发学生的能动性和创造性，真正做到以学生为本、以育人为本。

第二，始终坚持依法治校、依法管理的管理原则。坚持并遵循了"依法治教、依法建章、依法管理"的基本原则，严格依据国家基本法律法规建章立制，充分体现了一些有关上位法的承接性关系，具有时代性、创新性、合法性和规范性的制度创新特征，体现了科学化、法治化、人性化和个性化的现代学生管理的总体趋势，并且充分实现了在新形势下对上位法的细化、深化和发展，充分体现了依法治校、依规则规程行事的精神实质。

第三，始终坚持理论联系实际、实事求是的管理原则。全国各个高等院校正确分析和判断本校学生管理工作及其制度建设的实际状况，准确定位本校学生管理工作及其制度建设的目标，扬长避短，突出特色，形成个性，充分发挥学校优势，努力形成本校既有共性特征又有个性特点的充满生机活力的现代高等院校学生教育管理制度。各高等院校在制定管理规定的过程中实事求是，根据本校的具体情况，依据本校的办学目标来制定自己的管

理规定，既不盲目攀比，也不千篇一律。

在管理模式方面，全国形成了依法推动管理创新的新趋势。很多高等院校对本校的学生管理规定进行了精益求精的修改，做到了贯彻文件精神而不是照抄内容，从法学专业视角对相关管理文件的语言表述做了调整，把最不易被关注的细节都进行了修订。总体来看，各个学校新制定的学生管理规定都强调了管理制度的育人功能，使教书育人的行为规范内化为各个条例的自觉要求，实现了行为规范与管理制度创新的无缝对接。全国高等院校实现了以观念创新推动制度创新的工作目标。很多学校在加强学生管理的过程中，遵循权利义务、权利救济、形式合理、公平正义、权力制约、普遍奉行六个观念，摒弃工具主义和处罚学生两个观念，有力地推动了制度创新。

在理论创新方面，以政策创新为先导，高等院校学生教育管理拓展了研究视域，充实了研究内容。主要研究成果集中在以下四个方面。

第一，在以人为本的管理理念指引下，一大批理论文章从教育的本质是培养人的活动入手，重新界定高等院校学生教育管理过程中主体与客体的关系，深入探讨新时代高等院校学生教育管理工作的新理念问题，提出了以学生为本，尊重学生，培养学生，切实关心学生成长成才，推动学生从他律走向自律，逐步实现自我管理的理论观点。

第二，将依法治国的基本理念引入高等院校学生教育管理领域，把"法治"作为新时代高等院校学生教育管理的重要手段，论述了依法管理高等院校学生的必要性和重要性，提出了依法管理学生的理论观点。

第三，加强高等院校学生教育管理队伍建设的理论研究，深入剖析了当前高等院校学生教育管理队伍建设中存在的突出问题，探讨了新时代高等院校学生教育管理工作队伍的发展趋势，普遍认为专业化是新时期加强和改进高等院校学生教育管理队伍建设的必由之路。

第四，开展中外高等院校学生教育管理工作的比较研究，在对美英等发达资本主义国家的学生事务管理工作进行深入研究的基础上，借鉴西方国家在"人本"理念指导下，以学生个体为主体、以学生需要为中心、以学生满意为标准、以激发学生潜能为目的、以帮助学生成才为目标的具体做法，不断充实我国高等院校学生教育管理工作的内容，提高管理、服务、咨询、指导水平。随着研究的不断深入，高等院校学生教育管理理论研究已涉及管理理念、管理对象、管理模式、管理体制、管理队伍、比较研究等多个层面，高等院校学生教育管理理论已见雏形，理论创新与实践创新有效互动，从整体上推动了高等院校学生教育管理工作水平的提升。

（二）高等院校学生教育管理创新的内容

1. 突出高等院校学生教育管理的育人功能

高等院校学生教育管理不是单纯地为了管理而管理，而是为实现国家培养人才的目标而服务的。从这个意义上讲，高等院校学生教育管理的目的就是培养国家需要的德智体美全面发展的人才，管理的目的就是育人。因此，高等院校学生教育管理创新，应充分重视育人功能的发挥，突出以育人为目的和指向的管理内容。以育人为目的和指向的管理内容一方面应体现在高等院校学生教育管理过程中的人、财、物等资源配置的方方面面。另一方面应体现在对高等院校学生进行教务管理、安全管理、行为管理、群体组织管理、就业管理、资助管理等学校各部门分属管理的方方面面。只有在这些方面充分发挥管理中的育人功能，才能体现高等院校学生教育管理的创新，这就需要在高等院校学生教育管理中处理好管理与思想政治教育的关系，将高等院校学生教育管理与思想政治教育有机地结合起来，自觉遵循教育规律，重视发挥思想政治教育在树立高等院校学生正确的世界观、人生观和价值观方面的作用，实现科学管理和有效管理。

2. 完善高等院校学生教育管理的规章制度

高等院校学生教育管理创新只有生成基本的管理规章制度，长期坚持，不断完善，才能推动管理工作不断上新台阶。高等院校学生教育管理工作要创新，必须将科学高效的工作规章制度作为基础性的客观保证。在规章制度建设方面，除了国家制度层面的保障外，高等院校自身也必须努力创新学生管理工作制度，真正在学生管理工作领域形成一套宽容有序、落实有力、鼓励创新的工作制度，为学生管理工作走上创新之路提供可靠的保证。这不仅是一个为完善规章制度而进行制度设置的问题，还是在严格执行现有制度的基础上，在高等院校学生教育管理的日常工作中经验的不断积累和实践过程的完善与创新。因此，高等院校学生教育管理要牢固树立依法治校、依法治教的法治观念，通过正当程序控制学生管理过程，规范权力运行程序，避免学生管理运行的无序性、偶然性和随意性，保证管理行为的合法性和高效性。

3. 健全高等院校学生教育管理的服务体系

高等院校学生教育管理的对象是青年学生群体，不仅涉及高等院校学生的生活、学习，而且涉及高等院校学生的社会实践和求职就业等。高等院校学生活动的范围、领域、内容、目的都随时代的发展而不断地呈现出新的变化，影响高等院校学生的各种因素也相对复杂。这就要求高等院校学生教育管理不能仅仅是管理者的管理、单纯的事务性的管理，而更应该是作为被管理者的高等院校学生主动参与的管理、全方位服务性的管理。因此，高等院校学生教育管理要健全管理的服务体系，积极完善管理中的服务软件和硬件体系。一方面，进一步解放思想，深化对管理的认识，树立服务意识和服务观念，在高等院校学生教育管理中不断提升服务水平，营造管理育人、教书育人、服务育人的各部门齐抓共管的良好局面；另一方面，加大投入和研发力度，充分利用网络信息技术，搭建网络化、信息化、一体化的教务、安全、就业等服务平台，引导高等院校学生主动参与到管理中来，最终实现自我教育、自我管理和自我服务。

（三）　高等院校学生教育管理创新的路径

新时代高等院校学生教育管理创新要通过引导学生实现自我管理、探索网络信息化管理以及加强管理队伍建设三条路径来实现。

1. 以学生为本，引导学生实现自我管理，推进高等院校学生教育管理创新

没有管理的教育和没有教育的管理都是软弱无力的。教育离不开管理，管理是为了教育，这就是以人为本的高等院校学生教育管理工作的全新辩证法。高等院校学生教育管理工作与人才培养的这种特殊关系，使得高等院校学生教育管理创新的路径有别于一般管理工作，它客观上要求将全新的管理理念作为指导。理念是反映对象深层次本质和规律的观念。教育理念是关于教育基本问题的深层次本质和规律的观念，具有理想性、持续性、统合性和范式性的特点。新时期的高等院校学生教育管理理念要契合科学发展观的价值尺度，追求以人为本的管理。以人为本的实质就是尊重学生的发展特点和规律，尊重学生的人格个性，创建开展学生思想政治教育的良好环境，建构和谐的师生关系，培养素质全面、个性良好的创新人才，其关键是正确发挥学生的主体性，尊重学生学习的主体需求，使思想政治教育活动忠实于教育内涵，对不同的学生施以不同的教育，使学生的潜能得到充分发挥，形成一种积极向上的内在的力量。

开展高等院校学生教育管理工作不是管理人、约束人、控制人，而是创造条件培养人，通过有效的培养发展人。在这种方式中，学生本身既是管理者，又是被管理者，学生在这种角色转换中大大提高了自我管理的积极性，特别是增强了学生自我约束、自我管制的能力，在学习知识的同时锻炼了自己，既"学到了知识"，又"学会了做人"，增强了学生的主体意识和责任感。

2. 运用网络实行信息化管理，推进高等院校学生教育管理创新

在创新管理方式、方法和手段的过程中，要注重运用网络实行信息化管理，充分利用

现代科学技术手段，针对不同时期高等院校学生教育管理发展的新情况和新趋势，开发管理平台，整合管理资源，实现网络化、数字化管理。运用网络实现信息化管理，能够使管理方式变封闭式管理为开放式管理，进一步加强管理与思想政治教育的融合，与学分制等学校管理制度相配合，与社会管理相结合。同时，运用网络实现信息化管理，也是促使高等院校学生教育管理变单一管理为综合管理，把管理与服务紧密结合起来，以服务促管理的有效途径。在管理方法创新方面，要充分发挥网络平台的作用，实现师生有效互动，变灌输为交流，变命令为引导，创造学生主动参与的全新工作局面。同时，在管理手段创新方面，当前最为重要的是通过网络信息化促进法治化的规范管理，建立合理的程序机制。

3. 加强管理队伍建设，推进高等院校学生教育管理创新

加强管理队伍建设是确保管理工作顺利开展的重要保障。随着新时期社会形势的变化，高等院校学生工作也发生了许多变化。学生工作的一些职能转化了，一些职能弱化了，一些职能需要强化，学生工作由过去的重管理向现在的重教育、咨询、服务转化。心理健康教育、经济困难学生资助、助学贷款、就业指导等学生工作职能必须得到强化才能适应形势需要。

同时，高等院校学生群体的思想问题和实际问题也复杂化、多样化，这就需要管理队伍凭借智慧、知识和技能形成"专家化"的本领。所以，从高等院校学生教育管理工作的发展趋势来看，高等院校学生教育管理队伍必须走专业化道路。就当前高等院校学生教育管理队伍而言，虽然在政治素养、敬业精神、个人品德上是合格过硬的，但在解决实际问题的能力和本领上还与现实要求有较大差距，在不同程度上存在着"本领恐慌"。一些管理工作者带着固有的陈旧观念和思维定式面对学生，不了解，也不理解当代学生与以往迥然有别的内心世界和真实想法，甚至在语境上都难以与学生沟通，从而形成了代沟和隔膜。

一些管理工作者虽充满热情，但缺乏相关的基本训练和专业知识，甚至在信息的获取上还不如学生，难以对学生产生真正有效的指导。显而易见，"本领恐慌"状态下与学生产生的隔膜，解决不了学生面对的实际困难，也解决不了学生的思想问题。因此，需要有专职从事学生管理工作的人，通过专业方式承担起新时期学生管理工作的重任，以工作的专业化带动队伍的专家化。要超常规选拔人才，高起点聚合精英，不拘一格，广纳贤才，培育一支数量足、素质高、业务精、能力强的专业化学生管理队伍。

三、基于高等院校学生时代特征的学生教育管理创新

高等院校学生教育管理在其发展的每一个历史时期都需要创造性地发展。当前，做好

新时期的高等院校学生教育管理，必须准确把握新时代高等院校学生的时代特征和教育管理的新趋势，不断更新对高等院校学生教育管理的认识，进而不断创新高等院校学生教育管理的实施路径。

（一）管理过程规范化

高等院校学生教育管理过程主要包括决策、计划、组织和控制四个环节，高等院校学生教育管理过程的规范化要从这四个环节入手。

1. 管理决策的规范化

高等院校学生教育管理决策是指高等院校学生教育管理工作者在掌握充分的信息和深入分析有关情况的基础上，运用科学的方法，从两个以上的可行性方案中选择一个合理方案的分析判断过程。

管理决策的规范化主要包括四个方面。第一，确定决策的指导原则，即指导管理决策活动的准则。第二，建立专门的决策机构，即有专门的决策机构和承担责任的专职决策人员。专门的决策机构是实现科学决策的组织保证。第三，构建管理决策的民主化机制。随着决策内容的日益复杂、决策速度的不断加快，高等院校学生教育管理工作的领导者难以独立承担决策的重任，管理决策越来越趋向民主化，以确保决策的正确性、提高决策的效率。第四，严格遵循决策程序。决策程序从制度上规定了论证、评审和决策的方法与过程，是决策科学化的重要保证。在高等院校学生教育管理的决策过程中，既要做好总体决策，又要结合高等院校教育学生管理的实际情况做好分段决策。

2. 管理计划的规范化

高等院校学生教育管理计划就是在决策既定目标的前提下，进一步根据实际情况，科学、及时地制定未来行动方案。

要做到管理计划的规范化，就要规范地进行高等院校学生教育管理计划的制订、执行和调整。首先，在计划的制订方面，要有规范的信息获取渠道、科学的分析方法、合理的目标分解和有效的综合平衡，并使管理计划得以有效下达。其次，在计划的执行方面，除了按照原有计划执行，还要让所有相关人员都了解在其执行任务时，一旦遇到突发事件该怎么处理。再次，还可以建立一个良好的信息沟通系统，确保纵向、横向沟通的顺畅。最后，要根据实际执行情况对计划进行调整。

3. 管理组织的规范化

高等院校学生教育管理组织的规范化主要包括四个方面：首先，根据高等院校学生教育管理目标、内容、特点和外部环境划分工作部门，建立组织机构，如建立专门的学生就业管理机构、学生资助管理机构等；其次，根据高等院校学生教育管理所涉及的具体内容，按专业化分工的原则设立相应的职位，如心理咨询专业人员、计算机系统开发人员等；再次，明确组织机构中的各种职责和职权，做到责权明晰；最后，协调高等院校学生教育管理组织机构中各方面的关系，使组织机构内部成为一个有机整体。规范化的管理组织，能够让高等院校学生教育管理人员更加明确在管理过程中的任务、责任、权利以及组织机构中的各方关系，保证组织机构的协调运行、组织目标的全面实现。

4. 管理控制的规范化

高等院校学生教育管理控制是对高等院校学生教育管理的计划、组织等管理活动及其效果进行测量和校正，以确保拟订计划得以实现的有效手段。管理过程是个动态的发展目标系统，既不能一蹴而就，也不能一劳永逸，需要将规范化的控制贯穿于管理的全过程。

管理控制的规范化主要包括三个方面。首先，要确定控制标准，即为实际和预期工作成果的比较提供一个尺度。这是执行管理控制的前提。如果没有控制标准，控制工作也就失去了目的性。其次，要衡量偏差，即通过与标准进行比较，对实际执行情况做出客观评价，主要有直接观察、统计分析和例会报告三种形式。最后，要纠正偏差，即在衡量工作成效的基础上，根据被控对象相对于标准的偏离程度，及时采取措施予以纠正，使其恢复到预期状态。以上三个方面实际上构成了管理控制的一个运行周期，通过螺旋上升的循环过程，形成了一个完整、规范的反馈控制系统，使偏差不断缩小，从而保证管理活动向目标健康发展。

（二）管理模式多样化

高等院校学生教育管理模式的多样化是指高等院校根据学生的需要，通过多方参与、协同解决的方式提供相应的公共服务，从而确定高等院校学生教育管理对学生负责的公共责任机制。

多样化的高等院校学生教育管理模式的特点主要有：第一，多样化的高等院校学生教育管理是一个互动的过程，突破了传统高等院校学生教育管理模式中以单纯管理为主的工作方式，形成了管理与服务并重的工作方式；第二，多样化的高等院校学生教育管理主体之间是相互协作的关系，追求公共责任的落实，高等院校与学生在传统高等院校学生教育管理模式中的管理与被管理的关系变成了相互协作的关系。

目前，高等院校学生教育管理模式呈现多样化的特点。归结起来，常见的管理模式有"目标—关系型""系统—过程型""契约—参与型"和"中心型"四种类型。但在管理模式的应用中，不能照搬拿来，而是要科学把握管理模式多样化的核心要素（内容、对象、方法），结合各高等院校实际情况，建立起合理有效的管理体系。实现高等院校学生教育管理模式多样化要从以下几个方面入手。

1. 管理内容的多样化

应构建集管理、教育、咨询和服务于一体的多样化管理。

第一，管理也是教育，高等院校学生教育管理工作必须坚持管理与教育相结合的原则，发挥制度的引导、约束、规范和教育作用，有意识、有目的、有计划、有组织地促进受教育者的发展。学生日常的教学管理既是一种管理手段，又是一项重要的教育措施。可以通过对课堂、作业、考试、社会实践等的管理，抓好教学管理的各个环节，帮助学生培养和提高综合能力，更好地实现自我价值。管理目的达到了，教育目标就实现了。

第二，充分发挥咨询在学生教育管理中的作用，采取恰当的方法对学生进行有针对性的教育和疏导，切实解答学生在实际生活中产生的困惑，如开展就业咨询、心理咨询等。

第三，以"服务管理"为突破口，改变过去重管理轻服务的做法，将管理与服务有机地结合起来。

2. 管理对象的多样化

管理对象的多样化要求管理要立足于管理对象的差异性，承认他们在智力、生理、情感和社会背景等方面存在的差别。在整个大学过程中，应根据学生的年级、性格等特征进行个性化的教育管理。一方面，根据每个年级的不同特点，每个阶段的管理目标和任务都应有所侧重，管理手段也要有所差异。一般来说，对于大一新生，要着重培养他们的适应能力，把重点放在养成教育上，之后，再有目的地培养他们的学习能力，提升其专业基础知识水平。对于高年级学生，则应以导代管，引导其自我约束，自我管理，重视培养学生的实践能力，使学生在社会实践中得到锻炼。另一方面，学生的特长、兴趣、爱好不一样，发展方向也不一样。在管理中，应立足于这些差异，注意个性间的有序协调，多层次、多方位、多渠道地做好管理工作，使学生的个性和专长得到充分发展，潜力得到充分挖掘。

3. 管理方法的多样化

高等院校学生教育管理方法是指在管理活动中为实现管理目标、保证管理活动顺利进行所采取的工作方式。高等院校学生教育管理方法日渐成熟，已逐渐形成一个相对完整的管理方法体系。它包括法律方法、行政方法、经济方法、教育方法等。不同的方法有不同的特点，也有其特有的适用对象，因此，在高等院校学生教育管理的具体工作中，应该结合实际情况采取最有效的方法来实现对高等院校学生的科学管理。

(三) 管理手段信息化

管理手段的信息化主要是指利用信息技术来优化管理信息的传递和反馈程序，改变学生教育管理的组织方式，最终提高学生教育管理的运行效率。在实际的应用中，管理手段的信息化主要是构建管理信息化体系，提供大量的学生信息资源、各种学生管理专用信息系统及其公用通信网络平台等。管理手段的信息化主要包括以下几个方面。

1. 日常管理的信息化

高等院校学生的日常管理是一项十分具体、繁杂而又细致的工作，主要涉及学生的基本信息、学籍、学业、奖惩等方面的管理，实现日常管理的信息化能够让管理人员从琐碎的事务处理中解脱出来。

首先，学生基本信息管理的信息化，即对学生的基本信息进行方便快捷、动态的更新、查询、统计等管理。其次，学籍管理的信息化。学籍管理分为基本档案、学籍档案、学生调班和分班以及退学办理等部分，可以管理学生的基本信息、学籍变动等情况，可以管理学生在校期间的专业调整和班级调整情况，还可以在新生入学时按照相关条件智能分班。再次，学业管理的信息化。学业管理包括学生选课、成绩录入、统计分析和成绩报表查询四个部分。最后，奖惩管理的信息化。奖惩管理主要包括学生奖励、处罚、考勤以及考评等内容，记录学生在校的行为表现。

2. 管理服务的信息化

目前，不断提高服务质量，丰富服务内容，优化服务形式成为管理的一项重要内容。在信息化时代，利用信息化手段积极开展学生资助服务、学生就业服务、心理咨询服务等是新时代高等院校学生教育管理的必然要求。首先，资助服务的信息化。资助服务的信息化主要包括困难补助、奖学金、国家贷款、勤工助学四个方面的内容，以及完成各项主要工作的计划、申报、审批、发放、查询等。其次，就业服务的信息化。就业服务的信息化主要包括毕业生信息、用人单位信息、咨询指导和就业情况统计四大部分。它可以在毕业生和用人单位之间搭建一个桥梁，实现毕业生和用人单位的双向选择，并在此基础上，由就业管理部门和辅导员统计学生就业情况。最后，心理咨询服务的信息化。心理咨询服务的信息化主要包括建设网上测试与咨询系统，让学生测试自己的健康程度，及时地调整自己，平衡心态，同时让受挫折、有心理障碍的学生通过网络进行在线咨询。

3. 思想教育的信息化

随着科学技术特别是信息技术的迅猛发展，高等院校应积极主动地运用现代科技手段，使正确、积极、健康的思想文化占领网络阵地。一方面，建立集思想性、知识性、趣味性、服务性于一体的主题教育网站或网页，及时宣传国内外重大时事，使思想政治教育的内容不仅"进教材、进课堂"，而且"进校园网"，形成线上线下思想政治教育的合力；另一方面，开辟网上专栏，组织一支由水平较高的专家学者、德育教师和学生党员组成的骨干队伍，以平等、热情、友善的态度与高等院校学生网民一起对一些热点问题、敏感问题、有争议的问题开展讨论、交流，宣传党和国家的方针、政策，发布积极健康的信息，倡导爱国主义、集体主义，帮助学生树立正确的和科学的世界观、人生观、价值观。

在实现管理手段信息化的过程中，必须有相应的配套支持，如管理业务流程、信息化标准、信息化建设队伍等。否则，管理的信息化进程就会遇到许多管理和协调等方面的问题，既发挥不出信息化的高效率优势，也无法对信息化的质量和效果进行客观的评价，信息化建设取得的成果也就无从充分体现出来。

（四）管理队伍专业化

管理队伍的专业化，主要指管理人员在整个管理生涯中，以学生管理为基础，通过专业训练，习得管理的专业知识、技能，逐步提高管理水平，成为优秀的高等院校管理工作者的成长过程。管理队伍的专业化是高等院校学生教育管理工作的重要趋势，对于提高高等院校管理水平和办学效益有十分重要的意义。管理队伍的专业化主要表现在以下几个方面。

1. 专业化的职业素养

高等院校学生教育管理队伍具有一般管理队伍的特征，但因为其管理对象的特殊性而表现出具有高等院校学生教育管理特征的专业性质。

第一，掌握高等院校学生教育管理工作的相关专业知识和具有从事高等院校学生教育管理工作的专业能力。高等院校学生教育管理队伍应掌握的专业知识主要包括系统的科学文化知识，扎实的马克思主义理论及教育理论知识，高等教育管理的基础知识，现代管理知识，国家法律及行政法规、政策与规划等方面的知识。高等院校学生教育管理工作的专业能力在能力结构方面主要包括：语言表达和文字写作能力、教育管理和经营能力、科学研究能力和创造能力。

第二，工作效率高，工作效果好。这是推进高等院校学生教育管理队伍专业化的目的之所在，同时也是衡量高等院校学生教育管理队伍专业化程度高低的一个硬指标。专业的职业技能既不完全等同于知识化，也不完全等同于文凭化，关键在于管理者是否掌握并熟练运用高等院校学生教育管理专业知识和技能，管理行为是否专业。专业的职业素养是管理队伍专业化的前提。

2. 专业化的机制保障

完善的管理机制包括专业化的招聘、培训、薪酬和考核机制四个部分。

首先，专业化的招聘过程是建设专业化队伍的入口保障。它可以从源头上保证高等院校学生教育管理队伍与管理岗位的匹配度，落实招聘的"最适"原则。根据"冰山模型"理论，高等院校学生教育管理队伍的招聘考核，除了"冰山上"的相关专业知识和技能外，"冰山下"应聘者的思想素质、职业道德、工作态度更是考核的重点。

其次，专业化的培训是建设专业化队伍的成长保障。高等院校学生教育管理队伍的培训是一个系统、复杂的工程，是一项长期的工作，要始终坚持全员性、全面性、全程性原则。高等院校应该把管理队伍的培训纳入用人体制中，构建相应的培训制度，并落实专人负责管理。例如，辅导员队伍的专业化，实质就是依托专门机构及终身专业训练体系，对辅导员进行科学的管理和培养，使辅导员掌握从事思想政治教育工作的知识和技能，全面有效地履行辅导员职责的过程。

再次，专业化的薪酬体制是建设专业化队伍的动力保障。合理的薪酬体系对管理队伍的满意度有积极的影响。管理队伍的薪酬体系构建应坚持"对内公平、对外竞争"的原则，充分发挥薪酬的"保健"作用。

最后，科学合理的考核制度是建设专业化队伍的优化保障。公平合理的绩效考核体制对于提高高等院校管理人员的工作积极性有着重要的促进作用。绩效考核不仅要建立一套科学合理的考核机制来考核高等院校管理人员的绩效，还应通过考核，形成相关的绩效反馈机制，进而为实现管理人员绩效的提升提供支持。

3. 专业化的机构支撑

健全的组织机构是管理队伍专业化的支撑。没有健全的高等院校学生教育管理机构，高等院校学生教育管理专业化和高等院校学生教育管理队伍专业化的实现就成了无源之水，无本之木。同时，组织机构的构架也应相对稳定，只有这样，才有利于提高职位的专业化程度。当然，这种稳定是相对的，稳定并不排斥队伍内部的竞争上岗和定期轮换，更不排斥队伍内部的新陈代谢。因此，应该在高等院校学生教育管理的群体组织管理、行为管理、安全管理、资助管理、就业管理等方面设立专业化的部门和队伍，建立健全组织机构，为全面实现管理队伍的专业化提供有力支撑。

第二节　高校学生教育管理模式创新

一、强化后台支撑，构建"云共享"模式

21 世纪，网络和计算机技术的快速发展为高等院校学生教育管理资源的整合共享提供了新的实现手段。近年来，"云计算"越来越被人们熟悉，不仅被视为科技界的又一次革命，还代表着一种新的管理理念和服务模式，正以其强大的功能逐渐渗透到教育领域，影响着教学方式和教育资源管理、共享的方式。

（一）"云共享"模式的基本特征

"云共享"模式应用于高等院校学生教育管理系统对促进学生事务数字化资源共享有非常重要的作用。

1. 统筹跨部门、跨系统的学生教育管理通用共享资源平台

目前，不少高等院校学生教育管理部门的数字化管理系统采取相互封闭的建设方式，共享平台缺乏开放性和互联互通。已有的各种网络资源共享的探索，也仅局限在有限的范围内，为部分管理者、相关服务对象提供信息查询服务。传统高等院校学生事务数字化资源管理在不同层面还存在软硬件资源重复投入、平台运行维护成本高、资源整合利用率低和信息系统安全性堪忧等现实问题。"云共享"模式则探索将学生工作中涉及的来自不同载体、主体、任务、资源、部门的信息融合，达到"合"与"分"的最佳平衡状态，提高学生事务管理效率和服务质量，实现高等院校学生教育管理数字化资源的通用共享。

2. 节约学生事务管理资源共享建设的成本

构建"云共享"模式，有助于高等院校学生教育管理资源共享建设成本的节约。高等院校目前分部门推进管理资源数字化的成本较高，包括初期服务器、终端及网络接入等设备的购置，日常系统运营及维护，设备更新等。"云共享"模式集中解决信息的互联互通和对象特性、行为轨迹研究等问题，对硬件设备要求很低，不需要大规模的硬件投入，可以使建设成本大幅降低。目前，各部门网络资源间的转换、交换、兼容和共享困难，利用云计算的协调工作能力，可以进一步实现异质、分散、自治的资源间的转换，实现兼容和整合，使信息共享更有效，同时也省去了资源转换和整合的费用。

3. 提高信息处理效率并改善能耗比

"云共享"模式的创新点在于充分挖掘了新兴的互联网技术——云计算与高等院校学生教育管理信息存储共享、学生舆论引导以及师生日常交流方式之间的结合点，能够有效提高和改善学生教育管理信息处理的效率和能耗比。建立"云共享"模式，可以满足高等院校学生教育管理内部海量信息存储和处理的新要求，提升高等院校学生事务信息交流的效率和满意程度，可以通过对信息的全面挖掘，有针对性地分析高等院校学生的思想动向和诉求，实现学生教育管理在工作效果和归属感上的显著增强。首先，使用云计算思维和技术辅助高等院校进行大规模的信息处理，比起现有的方式在效率上有质的飞跃。其次，通过信息技术算法，利用学生的公开交流信息进行高等院校舆情分析，实现了以往辅导员或职能部门人工调查学生思想动态的功能并且在真实性上有一定优越性。最后，可以结合微博的即时特点为高等院校学生提供全新的、立体式的、本土化的服务，相较于传统的BBS留言和回复有着无可比拟的交互性和实效性。

建立健全"云共享"学生教育管理模式，努力将学生教育管理者从繁杂事务中解脱出来，让学生教育管理真正落实"以人为本、和谐发展"的理念，实现跨部门、横纵融通的融合式网络管理服务模式的构建，搭建"全方位、网络化、立体式教育与管理"的公共平台，是保障学生教育管理高效运转的重要举措。

(二) "云共享"模式的设计理念

基于当前高等院校学生教育管理的特点，在构建"云共享"模式时应以"和谐发展"和"科学管理"为原则，贯彻"六大融合"的理念，即主体融合、载体融合、渠道融合、资源融合、任务融合、流程融合，通过云共享方式突破学生教育管理数字化资源共享的瓶颈，为高等院校学生教育管理者提供工作便利，为学生提供更好的服务。

1. 主体融合

构建"云共享"模式，不仅是对信息技术的要求，还需要学生教育管理的相关主体发挥最大效用。这里的主体，不仅包括从事学生教育管理的人员，还包括学生。高等院校可根据各自的管理体制和模式，进行用户管理和权限设置，在横向和纵向上形成层次清晰、分工合作的工作模式，充分调动各主体的积极性，协同管理，统一指导、各方配合、任务明确、优势互补，顺应多校区、信息化的发展和时代要求。

(1) 多层次纵向贯穿

高等院校学生教育管理往往不是某个学生或某个学生教育管理者可以单方面完成的，

大多数管理任务都涉及学生、院系、相关职能部门及学校层面，因此，需要建设一支能适应高等院校学生事务网络管理要求的队伍。

针对目前不少高等院校实施学生教育管理时采用学校—院系—学生的多层次传递方式，可以探索建立"学校职能部门—院系副书记—辅导员—学生"四个权限层次，其中学生只能看到自己的信息，辅导员只能对其所管理学生的信息进行操作，院系副书记可操作整个学院学生工作，学校职能部门看到的信息相应增加。各用户权责分层、实现分级管理，进一步明确责任，从纵向上将整个学生教育管理贯穿起来，体现工作的流程性；同时，充分体现学生的主体意识，让学生参与到"自我管理"过程中，增加意志表达和机会选择途径。

（2）多用户横向联络

高等院校学生教育管理涉及多个职能部门，工作关系交叉、复杂。应通过多用户多角色设计，为不同职能部门设立专门的角色，管理某方面的学生事务，在横向上搭建网络化、制度化的分布协同平台，加强各部门之间的沟通，使各部门协同完成各项学生教育管理任务，消除各部门之间可能存在的壁垒，提高管理效率。

2. 载体融合

实现一个门户多个职能，将不同部门的具有相对独立性的信息系统作为子系统融合到同一平台上，统一认证，实现各子系统间无缝互访。

3. 渠道融合

高等院校学生教育管理的"云共享"模式主要将"录入上传""审查修改""参与反馈""实时调用""个性输出"等渠道融合，以信息畅通的输入输出为前提，确保数据的完整性和准确性。

（1）"录入上传"渠道

该渠道主要用于大批量信息的集中录入上传，一般是新生刚入学或新学期刚开始时，统一地、有组织地、依程序地集体录入和上传。一方面，学生教育管理部门可以将固定的、不可更改的学生信息，包括学号、专业、身份证号等统一上传到数据库，保证数据的准确性和完整性；另一方面，组织学生在规定时间内维护其他个人必要信息，基本确保信息的完整性。

（2）"审查修改"渠道

在后期管理中设定隐含审查限制条件，督促信息不完整者将信息补充完整。例如，如果某些相关必要信息不完整，可能影响学生奖助学金的申请，可利用制约条件督促学生进一步补充完整自己的信息。

（3）"参与反馈"渠道

设置反馈渠道，各级学生教育管理主体参与到管理过程中，如发现有错误或不准确、不完整的数据存在，及时通过这些渠道反馈至管理员，经过审查核实，完善数据，即时更新。

（4）"实时调用"渠道

通过"云共享"平台的建设，消除异地办公带来的不方便操作的弊端。从事学生教育管理的人员可实时调用所需数据，提高工作效率，满足处理突发事件的时间要求，做到及时处理、适时应对。同时，学生也可以随时通过手机、计算机等网络终端查询到需要的信息。

（5）"个性输出"渠道

为节省制作各种报表、奖学金证书、在学证明、学生履历等所花费的时间，将多种模板格式上传到网络平台上，实现个性化定制输出，大大提高工作效率。

4. 资源融合

高等院校学生教育管理涉及的信息来自方方面面，融合涉及学生事务的各方面信息是整个"云共享"模式的基本要求。通过云计算内部导入、关联，以学生信息数据包括学籍异动、家庭经济情况、奖助学金获得情况、保险理赔情况、档案管理信息为基础，整合注册信息、勤工助学管理信息、学生困难认定信息、助学贷款数据、学习成绩、缴费信息、校园卡数据等信息，将各类信息集成共享、适时研究推送，实现学生信息立体、全面、事务决策判断提供支持和参考。

5. 任务融合

（1）任务集成，立体综合服务

实现系统各功能模块化，集成于一个平台。网上考试、互动留言、保险理赔、档案转递等，任务设计，面向任务、面向主体，提供综合化服务，推动学生工作的全程化。

（2）潜在制约，自动整合关联

任务融合是横向上多种制约条件的关联体现，学生教育管理项目的完成涉及多部门的条件规定，各部门互相影响、互相制约、互为条件。任务融合并不只是将各功能模块和信息集成到一个平台上，而是在程序内部设定好制约条件，在具体任务实施过程中，系统有内部的关联机制，自动调用所需制约和前提信息，过滤出不符合条件项，自动判断是否可以进行后续操作，防止学生教育管理者的误操作和误判断，避免出现操作的不规范现象，有效保证教育管理的公正运作和高效完成。高等院校学生事务繁多，通过潜在的任务融合能充分提醒管理者和学生正确操作，避免出现差错。如国家励志奖学金申请，主要实现下列系统关联检测：检测有无困难等级—检测成绩是否合格—检测是否获过其他大额助学金—检测有无不良记录等，其中任何一个环节不符合条件，系统即停止继续申请审批操作。

(三)"云共享"模式的创新策略

基于"六大融合"的"云共享"学生教育管理模式，从可持续发展维度来看，在构建时要注重"公正透明化""个性智能化""主体情感化""服务导向性""操作延展性""功效渗透性"和"优化持续性"。

1. 公正透明化

学生教育管理数字化系统的主体融合、任务融合和流程融合，为各级各项工作的开展营造了公平公正的氛围；开放的环境，利于民主监督和根据反馈意见调整相关规定。同时，学生主体的主动参与，使高等院校学生教育管理由"部门和辅导员的下行管理模式"向"支持学生参与互动、沟通反馈、自主管理的双向管理模式"转变。

2. 个性智能化

"云共享"模式力求最大限度地提高学生教育管理效率，系统形成了智能化、自动化的操作。如申报、审批、公示等事件时间节点的自动提示和终止；各奖助学金申请条件、资格、名额审查的自动检测和限制；多种数据信息的个性化检索和统计；各种报表的制作、打印方便快捷；确保消息通知的发布、意见的汇总等及时完成，提高办公效率。

3. 主体情感化

构建"云共享"模式时，要充分考虑学生、教师、辅导员和管理者的"四位一体"，考虑多方管理的特点，了解管理主体的心理和可能遇到的困难、时间成本。例如，辅导员可通过安全预警机制，完成沟通反馈，重点关注孤儿、单亲或离异家庭、特困家庭学生及在心理、成绩方面出现严重问题的学生，在工作中给予其帮助，保证学生能健康、顺利地完成学业；在学生奖助学金后期管理中，通过"给获奖获助学生的一封信"，在情感上关心学生成长、督促学生合理使用奖助学金、保持良好心态。

4. 服务导向性

本着"以人为本"的原则，将管理者从传统的学生教育管理中解脱出来，使之可以在工作统筹、学生引导方面投入更多时间；实现学生教育管理从"以领导为主"向"以服务对象为主"转变，由"单纯管理"向"强化服务"转变，从"管理型机构"向"服务型机构"转变。例如，网上考试，将教师和学生从传统的纸质答卷、监考、阅卷中解放出来；各种表格、证明模板的设计实现即打即得，节约大量人力物力；网上离校手续办理简化办事程序、缩短办事周期、提高办事效率。

5. 操作延展性

"云共享"模式将各部门学生教育管理者从办公桌前解放出来，不必局限于某个地域或某台计算机，不必限制于在办公时间内解决，只要有网络、有计算机，就可以办公，在空间上和时间上实现了有效延展；对于突发事件能做到及时处理，有利于安全稳定。同时，相较于纸质文档，电子数据更便于存储、数据统计、整理分析，可以方便地实现历史回溯，通过对多年学生工作或发展状况的历史分析、对比总结，为下一步操作提供支持。

6. 功效渗透性

任务和流程的融合，实现了导向与激励、约束与调适、凝聚与辐射的结合，丰富了文化管理的内涵。如各种申请、审批、公示时间的网上自动设定，使学生、院系、学校形成潜在的时间管理文化，保证工作按时按量完成，工作趋于计划性、步骤性和约束性；奖助学金后期管理，系统中要求学生记录自己的获奖、获助感言，同时记录奖助学金的使用情况，将感恩教育及科学合理使用理念渗透其中。

7. 优化持续性

"云共享"模式的实现依赖于软件、硬件及各部门、各主体的支持，同时高等院校学生教育管理会在时代发展中出现各种新的需求。因此，"云共享"模式的服务平台需要整体设计、超前规划，坚持适时拓展、不断完善、及时优化、动态更新相关功能，确保系统的持续性发展。

尽管"云共享"在学生教育管理中还处于探索阶段，一些理论和实践问题有待深入研究，但将"云共享"应用到学生教育管理中是一种有益的尝试，随着技术及其应用的日渐成熟，"云共享"模式将在未来展示出其旺盛的生命力。

二、提高服务质量，推广"一站式"模式

高等院校学生教育管理"一站式"服务模式强化了高等院校指导服务的意识，将服务理念贯穿于学校管理全过程，践行于服务学生的实际行动中，不仅具有实践意义，而且深入价值层面。"一站式"服务模式改变了传统的教育管理思路，引入了"以学生为本""一切为了学生"的理念，价值取向由教育管理转变为指导服务。"一站式"服务模式依据学生事务本身的规律，对工作职能、工作流程、服务资源进行了优化整合，将以往分散

的职能部门的工作进行汇总，在同一地点、同一时段办公，既优化了资源，又提高了办事效率。

（一）"一站式"模式的基本特征

1. 服务内容的针对性和科学性

从服务内容上看，要重点考察服务的针对性和科学性。考量、评估学生事务"一站式"服务是否注重对学生服务需求的分析，能否将满足学生的需求、促进学生的发展、服务学生的成长成才作为服务内容设计出发点。是否注重对学生群体特征的研究，能否抓住当前多元文化影响下青年学生自我意识、维权意识增强，倾向利用网络新媒体等特点，进行服务内容开发，确保学生能够做好自己想做的事，了解自己想了解的信息。

2. 服务流程的效率性和便捷度

从服务流程上看，要重点考察服务的效率性和便捷度。考量、评估学生事务"一站式"服务是否注重学生工作规律性的研究，能否根据精益化管理的理念，进一步优化工作流程，而不是仅仅把源于不同部门的服务项目简单地汇总在一起。是否重视学生工作职责的梳理，能否遵循资源共享的原则，进一步汇总、整合服务资源，根据不同的服务性质与类型，在"一站式"服务平台设立固定或阶段性服务窗口，避免不同服务条线各自为政，尤其是要有效解决目前校区规模扩大，学生机构分散，学生四处找人、四处找办事机构的问题。

3. 服务保障的规范性和完备度

从服务保障上看，要重点考察服务的规范性和完备度。考量、评估学生事务"一站式"服务是否注重制度规范的设计，能否根据精益化的原则，制定较为完善、详细的工作职责和工作人员行为规范，落实管理责任制，避免多头领导、相互扯皮，确保工作人员立足本职岗位，将教育、管理贯穿到服务中去。是否建立健全运行机制，能否根据绩效管理的原则，出台较为科学、健全的反馈、监督和考核机制，重视对服务成本、服务效率和学生满意度等的调查、追踪和评估，做到信息公开与透明，提升工作质量与服务形象。

（二）"一站式"模式的操作指南

1. 学生事务"一站式"服务的核心理念

学生事务"一站式"服务秉持"以学生为本"的基本理念和"一切为了学生的发展"的根本宗旨，倡导和贯彻"以学生为中心"的服务理念，通过规范管理、优化服务，为学生的学习生活提供高效、便捷的服务，有效促进学生成长成才。

（1）把满足学生成长需求作为管理的目标

高等院校学生平等地享有和教工一样的地位和人格尊严。尊重学生，就要承认并重视学生成长过程中在学习进步、职业发展、身心健康等方面的需求。学生事务"一站式"服务就是秉承努力为学生提供良好的学习生活条件，提供优质高效的服务的原则，尽量满足学生的各种发展需要。

（2）把深入了解学生状况作为工作的出发点

随着高等教育国际化进程和市场经济改革的推进，高等院校学生的思想、心理以及发展需求呈现出多元化的发展趋势，给学生教育管理工作带来新的挑战。只有注重了解学生的思想、心理特征以及多元化的发展需求，根据学生需求和身心特点来设计、确定服务的内容和形式，才能提高工作的针对性，确保服务质量。此外，还倡导关注学生对服务的满意度，通过开展学生的满意度调查，将学生的意见作为改进工作的重要依据。

（3）把发挥学生主体作用作为工作的着重点

随着学生自我意识的增强，尤其是"教育消费者"和"高等院校权利主体"地位的确立，高等院校学生教育管理越来越重视将学生纳入管理的主体，引导其参与到学生教育管理决策的制定和实践落实当中，注重发挥学生的主动性和创造性。越来越多的高等院校明确规定在各类学生教育管理领域设立学生代表席位，确保学生在这些领导决策机构中发挥作用。

2. 学生事务"一站式"服务的机构设置

高等院校学生事务"一站式"服务模式的运行，一般由学校党委学生工部、党委研究生工部或者校学生处、学生事务中心等归口职能部门负责，相关职责部门如团委、教务处、保卫处、宿舍管理中心、招生就业处等配合。

组建学生事务"一站式"服务领导小组，由学校分管学生工作的校领导任组长，相关职能部门负责人任组员，主要职责是研究制定学校学生事务"一站式"服务中心建设总体方案以及具体工作规划。

设立"一站式"服务办公室作为领导小组的办事机构，负责服务平台的日常建设管理工作。主要职责包括：建立健全平台建设和发展的规章制度；协调相关部门内设各服务窗口的工作；按照评估指标体系，对平台内各个窗口实施考核；采取问卷调查等方式搜集和整理学生对平台各窗口服务质量的反馈，切实发挥监督作用。

3. 学生事务"一站式"服务的人员配备

高等院校学生事务"一站式"服务的具体工作人员，既可以由相关职能部门的教师担任，也可以由经过统一培训后上岗的勤工助学学生担任。

目前，也有部分高等院校学生事务"一站式"服务的工作人员由职能部门的专职工作人员、勤工助学学生共同组成，有效弥补了单一人员组成的不足，发挥了组合优势，达到了良好的效果。

4. 学生事务"一站式"服务的职责功能

基于"帮助学生成才、解决学生困难、方便学生办事、维护学生权益"的目标设置，高等院校学生事务"一站式"服务的职责功能由"管理"型向"教育、管理、服务"并重型转变，主要包括受理日常事务，办理与学生息息相关的帮困助学、权益维护、学务管理、就业派遣等各项事务；提供咨询和指导，及时帮学生解决思想上的问题、消除学习上的障碍、解答生活中的困惑，促进学生全面成长。

5. 学生事务"一站式"服务的运行机制

"一站式"服务规范的运作以及健康、有序的发展离不开一套完善的运行机制。首先，能够实现直接办理。相关部门在管理中简化办事程序，提高服务水平，直接为学生处理事务。其次，能够兑现服务承诺。学生教育管理者能在规定期限内，按照服务的要求帮助学生办理相关事务。再次，能够整合资源实现集中办理。对需要两个以上学生教育管理部门处理的项目，基本实行联合办理。最后，能实现后台处理的隐形化。对学生的咨询要求，大厅工作组基本可以给出明确答复。

(三)"一站式"模式的创新策略

作为新生事物，学生事务"一站式"服务模式必须在积极尝试中与时俱进，用改革创新来解决发展中出现的各种新问题，有针对性地提出应对举措。

1. 思想变革，理念先行

"一站式"服务凸显的是学校为学生提供集中、高效、便捷的服务，并通过这种集中式的后台服务，发现学生需求、满足学生需要，从而提高管理效率。这是高等院校学生教育管理者真正践行"以生为本、服务至上"的理念，立足于现代服务理念和公共服务平台，想学生所想，急学生所急，主动、积极、热情地为学生服务，积极履行"一切为了学生，为了学生的一切"的职业行为准则。

2. 改革体制，提高效率

"一站式"服务实际上构建首尾连贯的全方位、全天候的高质量服务模式。要全面整合公共资源、打破条块分割、优化服务流程，提供以学生需求为重点，吸引学生积极参与的"一条龙"服务，使学生省力、省心，让学生称心、放心、满意而归，提高接受服务、参与管理的幸福感和主动性。

3. 整合资源，集中管理

"一站式"服务要求集中式管理，即将与学生事务相关的人员集中在一起，高效率地为学生服务，切实帮助学生解决困难，满足他们学习成长的需求。集中管理不仅整合了服务资源，提高了办事效率，而且激励学生积极参与管理，实现双向互动。新建校区可先行规划、设计、兴建学生事务中心；不太可能新建事务中心的高等院校，也可因地制宜地集中在一层楼或一幢大楼统一集中管理；有条件的高等院校可配套电子校务建设，建立网上学生事务服务大厅，实现办事指南、服务动态的网上发布和各项业务的网上办理，提供各类表格、文书样本的网络下载。

4. 规范操作，形成制度

高等院校学生教育管理，由于管理人员来自不同的管理部门，习惯于各条线以往的管理、服务规章制度，难以避免各自为政。实施"一站式"服务时，需根据统一的服务要求，制定新的操作规范、服务流程和职业准则，既使管理人员实施"一站式"服务有章可循，又便于学生参与，同时方便检查督促，从而达到提高执行力和满意度的目的。

三、倡导学生参与，打造"参议制"模式

（一）"参议制"模式的基本特征

1. 学生参与高等院校管理彰显高等院校管理的民主

扩大学生的有效参与，凸显了学生在高等院校管理中的主体地位，推动了高等院校的民主化进程，促进了校方与学生之间的良性互动，提高了管理的效率和品质。学生通过参与高等院校事务的管理决策和具体管理行为，平等地与校方开展沟通和交流，既能充分表达并让校方明确获悉自身的利益诉求，又能清晰把握、理解校方的管理意图与目的，有效监督、督促校方合法、正当地行使管理权，从而有效彰显了高等院校管理的民主性、服务性。

2. 学生参与高等院校管理提升管理运作的效率

在一些直接或间接涉及学生利益的管理决策制定的过程中，学生通过积极参与，与校方保持良好的沟通与交流，平等地向校方表达自己的意见与主张。一方面，感到自身的主体地位得到认可、自身利益得到尊重，有利于形成认同管理决策的心理基础；另一方面，

通过持续的自我管理、自我服务的锻炼，自身能力也得到了进一步的提高。因此，相较于传统的"高等院校出决定、学生照执行"管理模式因缺乏学生认同而经常遭受挑战，"参议制"模式由于能够听取、吸纳学生的意见或建议，学生参与模式下的管理决策能赢得更多的认可与拥护。学生的广泛参与，尤其是不同主张的充分表达和各种利益的综合平衡，有效地防止了不满情绪和抱怨行为的滋生，平等的沟通和心平气和的对话大大减少了怀疑心理和抵抗行为的产生，从而提升了学生的参与积极性和高等院校管理的运作效率。

3. 学生参与高等院校管理重在提升现代公民素质

主体意识和参与能力是现代国家公民应具备的基本素质。学生参与高等院校管理，在其成长过程的关键时期确认社会主体资格，强化参与意识，个体地位受到尊重，能够充分表达自主意志，发挥自己的聪明才智，为学校管理出谋划策，强化了内心的主人翁感受和个体效能感，弱化了对校方的离心力和疏远感，有利于养成他们主动参与一般社会事务管理的习惯，有助于他们成为对公共事务关注度更高、感觉更敏锐、兴趣更强烈的现代公民，并在此基础上获得不断进步的力量源泉。总之，在浓厚的民主氛围和规范的民主管理模式下，学生通过参与高等院校管理获得了自我教育与自我提升，促进了现代公民素质的养成，具有很强的社会溢出效益。

（二）"参议制"模式的基本路径

1. 赋予学生参与决策的权利

决策科学以及程序民主是高等院校民主决策的重要保证，只有在参与的广度上集思广益，在参与的深度上深思熟虑，才能最大限度地消除决策主体能力不足、知识有限可能导致的不良影响，以及避免某些利益关系对决策过程所造成的不良影响。任何涉及学生主要权益的管理决策，在程序上都要有程序合法的基本要求，确保学生有充分的机会和途径实际参与，并能够对决策的形成产生积极影响。管理部门在制定管理规则时，始终要坚持"公开为一般、不公开为例外"，始终注意尊重学生的主体地位，在制定规则的重要环节，要广泛征求、采纳管理相对人的意见建议，确保管理服务对象能够实际参与到规则的制定过程中。高等院校在对违纪学生做出处分决定之前，应承认和重视学生对事务决策的参与权，切实赋予学生提出意见、申辩和要求复议的权利，确保学生能够享受并行使这些程序性权利，而非被动地接受处分决定，从而提高学生对决策的认可和接受度。

2. 赋予学生参与具体高等院校事务管理的权利

除了影响高等院校事务的民主决策，学生参与高等院校管理还体现为参与学生利益相关的具体管理事务。因此，除了尊重并赋予学生参与学校管理的权利外，高等院校还应积极促成具体参与管理行为的产生，重视培养学生自我管理、自我服务的意识和能力，在图书馆、教学楼、实验室等学生学习场所，以及餐厅食堂、宿舍公寓、教学楼宇、活动中心等学生生活场馆开辟管理岗位、创设服务项目，为学生参与高等院校学生教育管理提供机会。

3. 参与的基本方式

在高等院校管理实践中，学生参与决策和管理的方式并不是单一、固定的，而应根据具体的管理需要，有所设计，勇于创新。

（1）培育学生参与高等院校管理的自治组织

为了避免学生的合法权益受到侵犯，确保学生的利益诉求得到表达，高等院校应该有目的地培育或者引导学生自发组建自治组织作为学生利益的代表，自治组织有权参与到学校教学、学生事务等相关部门的具体管理环节中，参与讨论或者审议高等院校管理部门制定的与学生利益相关的各类决策，表达利益诉求，提出意见和建议。

（2）发挥学生会参与管理决策的支持作用

学生会是学校、教师与学生间沟通交流的主要桥梁，要充分发挥其对管理优化、决策科学、团队引领方面的支持作用。学生会要代表学生积极参与学生教育管理，及时反映学生的意见和要求，大力倡导学生以自我教育、自我服务的精神积极参与相关事务。同时，各个管理部门也要注重依托学生会及时收集、归纳学生代表提案和意见建议，协助学校及时处理与答复。

（3）搭建学生参与高等院校管理的信息平台

运用现代信息网络技术及辅助设施，通过校园微博、学生论坛、学生网上评教、电子邮箱、意见信箱等建立高等院校管理网络的新平台，建立师生平等、互动的新型关系，这不仅提供了学生参与高等院校管理的可能，而且可以促进师生间的沟通与交流，畅通高等院校与学生间的信息传播。依托这一新的平台与渠道，高等院校管理者可以和学生对政策热点问题进行讨论和交流，既有利于学生表达自身的利益诉求和要求意见，也有助于管理者了解服务管理对象的合理化建议，提升民主管理效率。

（三）"参议制"模式的创新策略

1. 形成学生参与高等院校管理的共识

不可否认，有自主自立观念和自我管理思想的学生不是很多，有足够的管理知识、经验的学生更是少之又少，但这并不能排斥学生的参与，更不能否定学生对科学决策和有效实施的影响力。因此，在学生所关心又涉及学生利益的事务上，应充分吸纳学生参与并听取他们的意见。此外，学生不乏创造性、革新性的优势，有的甚至已成为高等院校科研力量的生力军，在学校科研决策、改革方案制定等问题上吸纳学生参与，听取学生意见，可以为学校发展注入生命活力与创新力量。

2. 提高学生管理工作者的素质

学生参与学校管理，最重要的是示范引领和经验积累。一支高素质、热心公益的学生队伍，尤其是学生干部，以其能力、阅历和经历者的第一视野，可以引导其他学生在参与的方法、途径上减少失误和挫败感，是带动学生参与管理取得实效的重要因素。加强这支队伍的能力建设，提高队伍素质尤为重要。要加强专业化建设，提高知识和学历层次；要完善人格品质，确保管理过程公平公正；要丰富工作阅历与经验，在实践活动中多锻炼，认真总结经验教训，确保遇到问题时成熟镇定。

3. 创设适度的社会心理环境

应当承认，学生与学校管理者的知识结构、心理优势存在较大差距，平等的交流需要师生间良好的人际互动和心理平衡。因此，校方要充分彰显对学生的理解、信任和尊重，激发学生自主参与的热情，使其既不妄自尊大，也不妄自菲薄，能够较为客观地看待自身参与对最终决策效果的现实影响；同时，管理者也要尊重并且从内心平等对待学生，对其现阶段的知识弱点、认识的不足给予朋友式的真诚帮助和指引，营造师生交流的良好氛围。

4. 完善的制度保障

当前，虽然学生教育管理创新仍处于探索阶段，寻求学生参与管理的相关立法尚需努力，但是各高等院校应当根据各自实践和实际情况，切实加强制度建设，确保制度落实，让学生在制度保障下提升自身权利意识，不能停留在短期、临时的活动层面。要有意识地扩大学生团队的管理权限，积极为学生参与管理提供程序和规范运作引导，扩大管理职责，甚至为他们提供财力支持和具体指导，从根本上解决学生参与高等院校管理的认知问题。

高等院校辅导员作为高等院校学生成长的指导者、学习的引导者以及心理健康的疏导者，是高等院校学生思想政治教育和学生教育管理的骨干力量。高等院校辅导员具有特殊的角色定位与岗位职责，其队伍的基本素质，尤其是文化素养和品质，对培养高素质的高等院校学生具有十分重要的作用。将辅导员队伍作为高等院校学生教育管理创新的切入点，不仅是时代发展的必然要求，而且是提高辅导员的综合素质，优化学生教育管理的落脚点。其中，辅导员工作室作为高等院校辅导员队伍建设的新载体，最近几年焕发出新的活力，对于创新中国高等院校学生教育管理模式具有重要意义。

四、注重师生沟通，倡导"书院制"模式

面对教育主体、教育需求的复杂多变，在人文教育、通识教育以及开放教学方面颇有长处的书院教育突破了时空束缚，在当下的高等教育领域努力寻找自己的发展空间。

（一）"书院制"模式的基本特征

1. 以学生为本，重视全人教育

书院制以学生发展需求为根本，在服务管理过程中为学生提供更多平等交流的机会、更多的活动空间和更好的服务环境，充分尊重和发挥学生的主观能动性，满足学生的合理需求，提高学生教育管理的效能。

2. 课内外融合，倡导通识教育

在"书院制"模式中，书院和大学、院系既互相独立，各司其职，又注重课内外教育的交融。书院主要承担教学计划以外的日常生活管理、通识教育课程和隐性教育，院系则负责基础理论、专业知识的传授及基础科学研究指导，通识教育和专才教育紧密结合，促进学生健康发展。

3. 全方位育人，注重师生对话

在书院教学环境中，不同院系、专业的学生吃、住、活动在一起，促进不同专业背景的学生在思想、情感、文化、信息等方面的沟通交流，有利于开阔学生的心胸、视野。书院通过各种方式实现各方的对话，包括高年级学生与低年级学生之间的对话、学生与教师之间的对话，甚至教师与教师之间的对话，使师生关系更加密切。除了学生之间的跨界交流外，书院也倡导学生与专业权威以及社会贤达的常识性沟通，进一步促进平等主体间的理解交流。

4. 设施齐全，重视特色文化建设

在"书院制"模式中，除了学生宿舍和食堂，书院内还有多媒体教学实验室、图书阅览室、学生活动室等设施。同时，各个高等院校的书院都非常重视文化传统和特色建设。例如，联合书院提倡"明德新民"的精神，注重培养学生的社会责任感。逸夫书院重视"修德讲学"，倡导学生德育、智育并行发展。

（二）"书院制"模式的实施指南

1. 功能定位和建设目标

①整合人才培养相关条线的管理和服务功能，集通识教育、养成教育和学业指导于一体，将书院建设成兼有文理学院和住宿制学院两种功能的二级实体单位，形成学生对专业院系和书院的双重文化认同。

②统筹协调，尊重学生兴趣和选择，配备优秀指导教师，建设优质课程资源，提供个性指导和帮助，打造面向全体学生的教育教学和职业养成的平台。

③构建以提高人才综合素养、培养科学的思维方式为目标的通识教育体系，探索多元分层和多途径学习的人才培养模式，逐步形成集课堂教学、实践创新、指导服务、养成教育于一体的协同育人格局。

④实施住宿制书院建设，在学生对书院与相关专业院系双重认同的基础上，积极营造有利于提升专业知识、专业技能和专业品行的学习环境、生活空间和文化氛围，尤其是在研究反思、同伴合作、表达交流、领导团结、尊重关爱等品行方面产生重大影响。

2. 组织管理架构

（1）行政管理组织体系

参照实体学院的模式建构党政管理架构，并实施党政联席会议制度。书院设院长1名、书记1名，院长由具有较高学术造诣和地位、丰富的教育教学经验、乐于也善于与学生沟通交流的著名专家担任；副书记（兼副院长）1名，分管书院学生教育管理（可由学工部副部长兼任）。

书院下设书院办公室、教务与学业指导办公室、学生事务办公室。

书院办公室发挥综合协调作用，协助书院领导做好书院日常工作的安排和协调；负责书院各类会议的组织工作，书院内人事、财务的管理工作，校内外的来访接待工作。

教务与学业指导办公室负责学生选课与运行、课程建设与管理、科研训练、实习见习、学业指导等。工作人员以应届生招聘为主，也可从院系教务员、辅导员中适当招聘。

学生事务办公室负责学生管理工作，由1名行政人员和若干名辅导员、助理辅导员组成，负责公民教育、生命教育、社区活动、心理咨询、学籍管理、奖助学金评定等各项事务。

（2）相关决策与咨询委员会

校教学委员会下设置通识教育课程建设委员会。通识教育课程建设委员会由对通识教育有深入研究及具有通识教育课程教学实践经验且教学效果良好的校教学委员会委员和其他相关人员组成。该委员会的主要职责如下：统筹规划学校通识教育的建设目标和思路；设计论证学校通识教育体系和课程模块；实施通识教育的课程建设和评价。

3. 书院的学生管理服务体系

（1）学生管理服务体系建构的基本思路

设立书院，其目标是培养思想的全人、生活的全人。与书院人才培养目标相适应，学生事务团队以精英人才能力的培养、"未来教育家"价值理念的培养为核心，开展各项学生事务。

（2）辅导员的聘用和职能

聘用：范围宜面向校内外公开招聘；标准定为硕士以上，中共党员；编制在录用后属书院编制；待遇参照有关管理办法，发放辅导员值班津贴。

职能：开展公民教育，培养学生公民的责任感、使命感，以及服务社会、关怀群众的意识；开展生命教育、健康教育、心理咨询，促进学生成长为身心健康的人；支持学区导师开展职业生涯指导，帮助学生确定发展方向和路径；策划、组织社区活动，培养学生的领导能力、社会交往能力、写作能力、表达能力、英语应用能力等；协助学区导师完成科研、科创活动，培养学生的创新能力、学术兴趣、学术研究能力；进行学籍管理以及奖助帮困学金的评定；传递社区各项住宿、生活服务信息，满足学生对住宿生活的需求，提高学生生活品质。

（3）社区活动

在党团组织的领导之下开展社区活动，培养学生能力，引导学生形成正确的价值观，成为具有多元包容品质的全人。围绕人才培养主题，在社区建立若干志趣联盟和研究中心，在辅导员牵头策划组织下开展各项社区活动。

（4）文化建设

通过环境建设、媒介建设、节日建设，构建学生可以自然而然、随时随地融入的学习共同体和人际交往空间，传播书院核心价值理念和书院精神，增强学生对书院的归属感和对书院人的身份认同。

（三）"书院制"模式的创新策略

书院教育的长处与其小班教学的历史特点密不可分。书院归来，直面的是现代高等院校制度建立以来，学术事务和学生事务、"求学"与"做人"两者关系的历史纠葛。作为高等院校教育的源头，书院无疑是精致的，在授业权威兼导师的言传身教下，书院的学术事务和学生事务实现了高度协调，取得了明显的教育成效。对于动辄数万名学生的现代高等院校，完全复制书院模式无疑成本高昂。书院归来，对当前高等教育最大的启示，就是要尽力避免科层管理造成的弊端，防止学术事务和学生事务的分离、对立，应以学生发展需求为中心，不断促进两者的融合互动。

1. 培育特色鲜明的书院文化

书院文化是凝聚和团结书院师生的无形力量，是书院得以存在和发展的核心。在书院建立发展的漫长历史过程中，特色鲜明的书院文化对学生的归属感、凝聚力的形成，对其价值规范的构建具有重要的指引作用。硬性的制度管理显然已经不适合现代书院的学生管理体制，在大力推行书院制的同时，不能忽略书院文化对书院教育取得成效的重要支撑作用。但书院自身特色和文化的形成需要一个长期的过程。现在国内部分高等院校建立的书院，发展时间较短，还没有形成带有自身鲜明特色、较为稳定的文化氛围。尽管不少高等院校的地理位置、物质环境、文化传统已有各自特色，但是面对当下的社会需求又可能相对单一。所以，形成各有特色的书院精神和文化传统，需要几代甚至几十代师生的共同努力、长期坚持。

2. 不断强化管理部门间的合作与分工

传统大学院系和工作机构偏重"条线"的管理，"书院制"模式更加突出"块"的服务，隶属于大学的书院与地位平等的专业院系、二级管理部门如何分工与合作，是近年来书院发展中难以回避的问题。书院及其内设机构应该主要凸显为学生服务的各项功能，"条线"的管理主要通过高等院校二级部门的"一站式"平台进行，但是服务与管理往往难以绝对区分，两者的分工与合作应该同等重要。当前，既要积极探索书院行政架构、人事安排、教师资源的开发与利用，又要明确高等院校管理部门与新设书院之间的分工协作关系，明确书院、院系的管理职责、各自工作边界和相互支持关系。这些都直接关系到书院职能目标的完成，也是"书院制"顺利实施和发挥优越性的关键。

3. 重视导师队伍的建设管理水平

在书院发展过程中，导师扮演着重要的角色，其不仅关注学生的兴趣爱好，还要在学生自觉自愿的前提下，培养他们探究未知和思辨的能力，培养他们独立解决问题的能力。目前，不少高等院校都为新设书院配备了专门的教导者，负责学生学习生活方面的咨询指导，包括学业导师、管理教师以及专兼职辅导员等不同角色。由于肩负了学术事务、学生事务的双重职能，对导师队伍也有了更高的要求。

首先，要有准入标准，确保有视野、有认知、有能力、有爱心的师资进入这一探索领域，量化分类标准。

其次，要加大培训力度，为导师提供培训或交流的机会，使其学习先进的管理理念和背景知识，为他们的专业成长和发展创造机会。

最后，要建立完善的激励机制，在薪酬待遇、职称评定方面，参照学术领域的可比较人员，提供对等标准和待遇。在发挥导师作用的同时，还要充分发挥学生自我管理的作用，为学生提供更多的参与书院管理的机会，共同促进书院管理水平的提升。

◆ 参考文献

[1] 马培安. 高等职业院校有效教学的研究与实践基于理解与实践的逻辑 [M]. 济南：山东人民出版社，2018.

[2] 史耀忠. 职业素养教育的探索与实践 [M]. 北京：北京理工大学出版社，2018.

[3] 王资，周霞霞，王庆春. 高等职业教育内涵式发展评价研究 [M]. 重庆：重庆大学出版社，2018.

[4] 龙龙，陈国梅，陈新玲. 职业院校心理健康教育与综合素质拓展 [M]. 北京：现代教育出版社，2018.

[5] 陈小倩. 本科院校教学管理创新与实践研究 [M]. 北京：中国商务出版社，2019.

[6] 顾捷. 高等职业院校教学质量基层管理制度建设 [M]. 杭州：浙江工商大学出版社，2019.

[7] 陈庆华，王鹏. 从经验管理到实证研究高等教育管理研究、成果报告合集 [M]. 昆明：云南大学出版社，2019.

[8] 刘早清. 普通高等教育"十三五"规划教材高等数学 [M]. 武汉：华中科技大学出版社，2019.

[9] 金鑫宇. 高等院校音乐教育理论与实践创新性研究 [M]. 汕头：汕头大学出版社，2019.

[10] 刘小红. "十三五"普通高等教育本科部委级规划教材服装企业督导管理：第 3 版 [M]. 北京：中国纺织出版社，2019.

[11] 陈晔. 新时期高等院校教育管理实践研究 [M]. 北京：现代出版社，2019.

[12] 吴朋涛，王子烨，王周. 会计教育与财务管理 [M]. 长春：吉林人民出版社，2019.

[13] 蔡远利. 全国高等院校"十三五"规划教材大学生创业基础知识 [M]. 成都：电子科技大学出版社，2019.

[14] 邝邦洪. 高等教育的实践与探索 [M]. 广州：广东高等教育出版社，2020.

[15] 廖飞，王岚. 高等数学下册 [M]. 北京：机械工业出版社，2020.

[16] 盛正发. 新建本科院校发展理论与实践探索 [M]. 合肥：黄山书社，2020.

[17] 胡筱敏，王凯荣. 全国高等院校环境科学与工程统编教材环境学概论：第 2 版 [M]. 武汉：华中科技大学出版社，2020.

[18] 周振宇，伍军，廖海君. 高等教育网络空间安全规划教材电力物联网通信与信息安全技术 [M]. 北京：机械工业出版社，2020.

[19] 刘振鹏. 山东省教育财务管理研究第 8 辑 [M]. 济南：山东大学出版社，2020.

[20] 苏中义，许明箫，王笑霞. 高等职业教育十三五规划教材经济学基础：第 4 版 [M]. 上海：立信会计出版社，2020.

[21] 邹红艳，宫立华. 企业办高职院校的管理及办学模式实践研究 [M]. 北京：中国商务出版社，2020.

[22] 刘国成. 高等职业院校技能型人才培养"十三五"优质教材 Android 项目开发实战 [M]. 成都：西南交通大学出版社，2020.

[23] 张伟. 高职院校学分制改革的实践 [M]. 北京：冶金工业出版社，2020.

[24] 李洪霞. 高等院校学生教育管理研究与实践 [M]. 北京：北京工业大学出版社，2021.

[25] 彭军，杨珺. 普通高等院校计算机基础教育"十四五"规划教材数据库原理及应用实践指导与习题解析 [M]. 北京：中国铁道出版社，2021.

[26] 何谐. 我国高等职业教育学位制度构建研究 [M]. 重庆：重庆大学出版社，2021.

[27] 李牧南. 高等院校精品课程系列教材产品创新思维与方法 [M]. 北京：机械工业出版社，2021.

[28] 刘海涛. 高等职业教育土建类"十四五"规划教材建设工程招投标与合同管理 [M]. 武汉：华中科技大学出版社，2021.

[29] 童丽，张亮，李引霞. 高职院校教师绩效管理实践研究 [M]. 广州：广东高等教育出版社，2021.

[30] 刘明玉，郑莹洁，郭园. 普通高等教育"十四五"规划教材艺术概论 [M]. 北京：冶金工业出版社，2021.

[31] 李晓红，孙阳升，周兴永. 普通高等教育"十四五"规划教材经济法基础与实务 [M]. 北京：冶金工业出版社，2021.

[32] 汪忠，唐亚阳，李家华，等. 高等院校创新创业教育系列教材内部创业基础 [M]. 北京：机械工业出版社，2022.

[33] 熊焕亮，吴沧海，赵应丁. 普通高等教育"十四五"规划教材软件工程导论 [M].

北京：中国铁道出版社，2022.

［34］许曙青，汪蕾. 职业院校安全应急教育与专业创新发展的理论与实践［M］. 南京：
　　东南大学出版社，2022.